Verlorene Kindheit

Bildmontage Ingolf Höhl

Inge Auerbacher
Bożenna Urbanowicz Gilbride

Verlorene
Kindheit

1938 *1945*

AUS DEM AMERIKANISCHEN VON ROBERT ZWARG

chemnitzerverlag
Das Freie Presse Buchprogramm

Dedication
Widmung

We dedicate this book with our love to all the children of the world. Our wish is that they grow up in peace, without hunger and without prejudice.

Wir widmen dieses Buch mit all unserer Liebe allen Kindern der Welt. Wir möchten, dass sie in Frieden aufwachsen, ohne Hunger und Vorurteile.

Bożenna Urbanowicz Gilbride und Inge Auerbacher

„Not all the victims of the Holocaust were Jews, but all the Jews were victims."

„Nicht alle Opfer des Holocaust waren Juden, aber alle Juden waren Opfer."

Elie Wiesel, Friedensnobelpreisträger 1986
aus dem Buch „... und das Meer wird nicht voll"

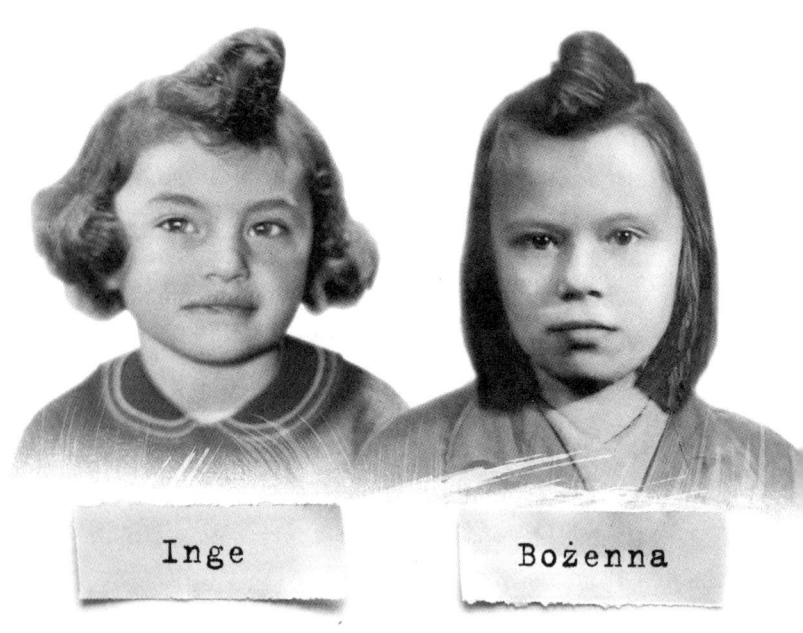

Inge   Bożenna

Prolog

Während des Holocaust im Zweiten Weltkrieg wurden elf Millionen unschuldige Menschen getötet. Viel wurde über die sechs Millionen Juden geschrieben, sehr wenig jedoch über die fünf Millionen „anderen". Unter ihnen waren zahllose polnische Christen. Bożenna, gläubige Katholikin, und Inge, eine praktizierende Jüdin, wurden mit nur wenigen Monaten Abstand 1934 geboren. Viele Jahre später lernten sie sich in den Vereinigten Staaten bei einem Seminar über den Holocaust kennen. Sie spürten eine Verwandtschaft in ihren Erfahrungen und sind seitdem befreundet.

Vor einiger Zeit war Inge zu Gast bei Bożenna auf Long Island in New York. Sie gingen spazieren. Im Licht der untergehenden Sonne zeichneten sich zwei Schatten ab. Inge, die größer ist als Bożenna, trat ein Stück zurück, damit die Figuren gleich groß waren. Als die Schatten zu Zwillingen wurden, sagte Bożenna: „Siehst Du noch den Unterschied?"

Hier entstand die Idee, gemeinsam ein Buch zu schreiben und ihrer beider Leben und Erfahrungen als Kinder in einer Zeit der Angst nebeneinander zu stellen.

Meine Heimat

Ich wurde am 12. Oktober 1934 als Tochter von Wiktor und Janina Urbanowicz, in einem kleinen Dorf namens Leonowka, weit im Osten Polens in der Provinz Wolyn, geboren. 300 Menschen lebten in dem Dorf. Seine Bevölkerung bestand mehrheitlich aus ukrainischen Christen und römisch-katholischen Polen wie meine Familie. Teil dieser Mischung war außerdem eine kleine Gruppe ukrainischer und polnischer Juden.

Niemand sprach über seine ethnische Herkunft; Religion war kein Thema. Wann immer man sich auf dem Weg zum Markt traf, sprachen die Leute über ihre Felder, ihr Leben und wie es ihnen ging.

Ich könnte die Namen von allen Familien aus dem Dorf aufzählen, doch sie hatten nicht viel Kontakt miteinander, weil die Arbeit zeitaufwändig und schwer war und die Kraft für einen Besuch fehlte. Trotzdem haben wir voneinander gelernt. Bis zum heutigen Tag zählen ein paar wunderbare jüdische Rezepte zu meinem kulinarischen Repertoire, zusammen mit polnischen, amerikanischen und irischen Gerichten.

Ich war das älteste von vier Kindern. Wie bei den meisten anderen half die Hebamme des Dorfes bei der Geburt. Meine Eltern hatten dunkle Haare und waren von mittlerer Statur. Zwei Jahre nach mir wurde mein Bruder Czestaw geboren. Wiederum zwei Jahre später meine Schwester Irena. Ein Jahr später kam die kleine Krystyna zur Welt. Obwohl meine Mutter innerhalb von sechs Jahren vier Kinder zur Welt brachte, arbeitete sie hart auf dem Felde, und da ich die Älteste war, musste ich bereits als kleines Mädchen auf meine jüngeren Geschwister aufpassen.

Meine Mutter taufte mich auf den Namen Bożenna, was „von Gott geschenkt" bedeutet. Mein zweiter Name ist Boguslawa, „Ehre sei Gott". Mir ist immer noch ein Rätsel, was meine Mutter von ihrem erstgeborenen Kind erwartete, aber ich habe geholfen, wo ich konnte. Ich habe mich sehr bemüht, meinem Namen gerecht zu werden.

Meine Familie und ich lebten in einem grau-weiß gestrichenen, typisch polnischem einstöckigen Bauernhaus. Das Haus lag ein Stück von der Straße entfernt. Nach einem kleinen Weg kam man auf den sogenannten *Ganek*, die ganz kleine Veranda, der sich ein großes Wohnzimmer mit kräftig-grünen Pflanzen an den vielen Fenstern anschloss. Auf beiden Seiten der Veranda gab es eine Bank, doch wir hatten kaum Zeit, dort zu sitzen. Ein großes Schlafzimmer zog sich über die ganze Länge des Hauses.

Wir schliefen alle in ein und demselben Zimmer. Mein Bett stand genau unter dem Fenster. Draußen war gleich der Hühnerstall. Jeden Morgen weckte mich der Hahn mit seinem „Kikeriki", was mir ziemlich auf die Nerven ging.

In der Nähe des Kamins standen zwei Betten, in denen meine Geschwister schliefen. Die Mädchen schliefen in dem einen Bett, mein Bruder in dem anderen. Die Ecke meiner Eltern befand sich am äußersten Ende des lang gestreckten Zimmers. Es gab außerdem eine Küche und

Unser Haus in Leonowka

einen Essbereich. Dort befand sich eine Falltür zum Keller, einem kühlen Raum, in dem wir verderbliche Speisen lagerten. In jedem Zimmer hing ein Kruzifix an der Wand. Mein Bruder, meine Schwestern und ich beteten morgens und abends, während unsere Mutter aufmerksam zuhörte. Wir sprachen das Vaterunser und ein Gebet an den Schutzengel. Wegen der harten Arbeit und unserer Lebensverhältnisse hatten wir keine enge Beziehung zu unseren Nachbarn. Deshalb war uns der Familienzusammenhalt, einschließlich der Zeit der Gebete, sehr wichtig.

Rechts neben dem Haus befand sich ein Obstgarten mit Apfel- und Kirschbäumen. Hatten wir einmal zu viele Kirschen, verkaufte meine Mutter alles, was sie nicht einwecken konnte – entweder für Geld, oder sie tauschte es gegen irgend etwas anderes. Wir hatten genug Land, um Getreide, Obst und Gemüse anzubauen und genug Platz für die Kühe und Pferde. Im Nussgarten gab es auch einen Erdkeller, in dem wir Fleisch, Gemüse und Obst für die Wintermonate lagerten. Im Grunde konnten wir uns selbst versorgen. Was wir nicht brauchten, tauschten wir, wie viele unserer Nachbarn. Auf der anderen Seite der Straße, aber immer noch auf unserem Grundstück, stand ein Schuppen, in dem mein Vater später einmal Menschen auf der Flucht vor den Nazis verstecken sollte. Mein Vater war mit 30 der letzte Sohn, der heiratete und das Land seiner Eltern, etwa 50 Hektar, erbte. Ihm gehörte außerdem ein Teil des umliegenden Waldes, der uns Holz zum Feuern und für Reparaturen des Hauses, der Schuppen und der Ställe lieferte.

Unser Grundstück war von Ställen und Schuppen umgeben. Wir hatten Kühe, Pferde, Schweine, Schafe und Hühner. Als ich alt genug war, bestand eine meiner Aufgaben darin, die Kühe jeden Morgen auf die Weide zu führen. Ich hasste diese Arbeit, weil ich sehr früh aufstehen musste, egal ob es regnete oder nicht, während meine Geschwister weiterschlafen durften. Sie waren noch zu jung, um mitzuhelfen.

Ich musste außerdem die Kühe am Ende des Tages wieder zusammenholen. Darauf hatten die Tiere nicht immer Lust und machten mir so die Arbeit schwer. Wenn ich endlich zu Hause ankam, stand mein Vater am Tor und ließ die Kühe auf das Gelände. Eine meiner Belohnungen bestand darin, warme Milch trinken zu dürfen, nachdem meine Mutter die Kühe gemolken hatte. Langsam trank ich die herzhafte, mit einer Krone aus weißem Schaum bedeckte Milch und genoss, wie der warme Nektar in meinen Mund floss.

Zur Erntezeit stellte mein Vater Leute ein, um beim Einholen des Getreides, Gemüses oder was auch immer gerade reif war zu helfen. Auch meine Mutter arbeitete auf den Feldern. Während der Abwesenheit unserer

Mutter, wurde eine Ukrainerin eingestellt, die sich um uns kümmerte. Wir alle liebten sie und nannten sie Nianka (Kindermädchen). Nianka war sehr lustig und spielte oft mit uns. Wenn sie sich bewegte, schaukelten ihre dunklen, langen Zöpfe.

Bei uns blieb kein Geld übrig; deshalb hatten wir keine Spielsachen und kein Auto. Stattdessen hatte jeder verschiedene Aufgaben und Verantwortlichkeiten, um die wir uns kümmern mussten. In den seltenen Momenten, in denen wir Freizeit hatten, spielte ich mit den besten Puppen, die man sich wünschen kann: mit lebendigen, nämlich mit meinen Geschwistern.

Wir waren arm, doch das war uns nicht bewusst, weil der Tisch immer gedeckt war. Und wir kannten nichts anderes, weil all unsere Nachbarn ebenso lebten.

Menschliche Freunde hatte ich außer meinen Geschwistern nicht. Wegen der Arbeit auf dem Bauernhof blieb keine Zeit, andere Kinder kennenzulernen. Aber ich hatte einen Hund mit vielen Welpen. Außerdem kaufte mein Vater ein Pferd, das wir Myszka oder Mausi tauften. Vater versuchte, mir beizubringen, ohne Sattel zu reiten. Immer wenn Myszka sich zum Fressen ins Gras bückte, rutsche ich über ihren Hals und fiel auf den Boden. Mein Vater lachte dann laut und setzte mich wieder auf das Pferd. Doch schon bald fiel ich wieder runter. Ich war enttäuscht, dass ich nicht so gut reiten konnte wie mein Vater.

Eine Möglichkeit, unsere Familie zu ernähren, war, aus dem Getreide Mehl zu mahlen. Dazu nutzten wir unsere zwei Pferde – eins davon war Myszka – die im Kreis gingen und die Steinmühle antrieben. Mein Vater hatte mir gezeigt, wie man die Pferde führt. Eines Tages stürzte ich dabei plötzlich ohne ersichtlichen Grund. Mir war nicht klar, dass ich jetzt dem Pferd im Weg lag und mich in großer Gefahr befand. Meine Mutter, die alles gesehen hatte, rief „Bożenna! Bożenna!", aber selbst dann verstand ich noch nicht, dass die Pferde kurz davor waren, mich zu zertrampeln. Glücklicherweise erkannte mich Myszka und stieg vorsichtig über mich hinweg. Mein Vater hat mir diese Geschichte oft erzählt, denn es war ungewöhnlich, dass ein Pferd erkannte, wenn sich ein Kind in tödlicher Gefahr befindet, und so gut und schnell reagierte. Ich liebte Myszka von ganzem Herzen. Im Winter fuhren wir mit einem großen Schlitten in die Kirche in der Nachbarstadt Tuczyn. Das dauerte 15 Minuten, zu Fuß waren wir dorthin eine Stunde unterwegs. Wir zogen uns warm an und rückten unter den dicken, dunklen Decken eng zusammen, um die beißende Kälte des polnischen Winters abzuwehren. Noch immer höre ich die Glocken, die um die Hälse der beiden Pferde gebunden waren, wie sie hell an einem stillen Morgen erklingen.

Auf dem Heimweg von der Kirche in Tuczyn, um 1938/39

Im Sommer gingen wir zu Fuß in die Kirche, unsere Sandalen trugen wir in der Hand. Kurz bevor wir ankamen, besuchten wir immer die Friedmans, eine jüdische Familie, die wenige Häuser von der Kirche entfernt wohnte. Bevor ich eintrat, wischte ich mir den Sand von den Füßen und zog meine Sandalen an. Wir haben uns nie etwas dabei gedacht, wenn wir barfuß eine Stunde lang zur Kirche liefen. Das war einfach so. Dass es darum ging, die Schuhe nicht reparieren oder ersetzen zu müssen, darauf bin ich nie gekommen.

Wir saßen eine Weile mit den Friedmans beisammen und setzten dann unseren Weg zur Kirche fort. Drinnen gab es eine blaue Empore, die ich wunderbar fand. Oft wandte ich mich während der Messe zur Empore um, woraufhin meine Mutter sanft meinen Kopf wieder zurück auf den Altar richtete.

Mein Vater kannte Herrn Friedman vom Dorfmarkt, wo er Kartoffeln, Gemüse und Mehl verkaufte oder tauschte. Einmal hatte Herr Friedman für irgendetwas nichts anders anzubieten als ein paar weiße hohe Galoschen. Sie waren für mich bestimmt, aber ich weiß noch, wie ich dachte: „Was soll ich jemals mit weißen Galoschen anfangen?" Schließlich war ich ein Bauernmädchen. Ich musste immer in die Scheune, ständig durch den Schlamm. Für solche edlen Dinge hatte ich keine Verwendung. Ich stellte die weißen Galoschen in mein Regal wie eine Trophäe und schaute sie sehr oft an, in der Hoffnung, dass ich sie eines fernen Tages tragen würde. Doch dieser Tag sollte niemals kommen.

Im Garten links neben unserem Haus wuchsen duftende Fliederbüsche und eine wunderschöne Akazie. Unter dem Küchenfenster hatten Narzissen ihr Zuhause. Im Obstgarten gab es außer den Kirsch- und Apfelbäumen auch Heidelbeeren. Der Garten bot viel Schatten, in dem ich mich vor der brennenden Sonne verstecken konnte, wenn ich einmal freie Zeit hatte. Doch das geschah nicht sehr oft.

von links: Czeslaw, Bożenna, Irena Leonowka, Ostern, um 1940

In unserem kleinen Dorf gab es keine großen Läden. Viele notwendige Dinge mussten wir in der benachbarten Stadt Tuczyn kaufen. In Leonowka gab es nur einen Süßigkeitenladen, wo wir die Leckereien für Weihnachten und Ostern kauften. Tuczyn jedoch hatte viele Geschäfte mit allerlei Sachen, die wir fast wehmütig anstarrten, wenn wir in der großen Stadt waren.

Zu Weihnachten stellten wir im Bereich der Küche und des Esszimmers einen Baum auf. Er stand auf einer langen Bank in der Ecke. Ich verstand nicht, warum immer ein Eimer Wasser in der Nähe stand, doch es konnte ja sein, dass der Baum Feuer fing. Wir bestückten ihn mit Kerzen, die wir nur im Dunkeln anzündeten. Wir sangen gemeinsam, und dann bliesen wir vorsichtig die Kerzen aus. Ihr Rest blieb für den nächsten Tag.

Der Heilige Abend heißt auf Polnisch *Wigilia* (Nachtwache) und wird auf ganz besondere Art und Weise gefeiert. Der Esstisch wird mit Stroh unter einem weißen Tuch gedeckt, das an den Stall erinnern soll, in dem Jesus geboren wurde. Die Familie teilt die gesegnete Hostie, genannt *Oblatek*, die man vorher in der Kirche bekommt. Wenn der erste Stern am Himmel steht, beginnt das Abendessen, bei dem es kein Fleisch gibt.

Bei uns zu Hause war Weihnachten eher ein religiöses Fest als ein Tag für Geschenke. Wir waren noch zu klein, um mit zur Mitternachtsmesse zu kommen, doch am Weihnachtstag gingen wir gemeinsam in die Kirche. Es war ein schöner Tag, ein Tag frei von Arbeit, an dem nur das Nötigste gemacht wurde. Wir spielten glücklich miteinander und verlangten nichts von unseren Eltern. Der Weihnachtsmorgen war sehr spannend. Obwohl es keine Geschenke gab, bekamen wir manchmal einen neuen Mantel oder warme Fäustlinge, die unsere Mutter uns strickte, und ein passendes Tuch. Niemals sahen wir Mutter stricken, deswegen waren die Geschenke eine große Überraschung. Dann fuhren wir mit dem Schlitten zur Kirche. Danach kamen Verwandte zu Besuch. Neben den Großeltern hatten wir viele Tanten, Onkel, Cousins und Cousinen.

Während des langen Winters wurde manchmal bei uns im Haus getanzt. Einer meiner Onkel spielte Violine, ein anderer Akkordeon und ein Dritter Klarinette. Eine meiner Tanten spielte Gitarre. Alle Möbel mussten aus der Mitte des Raumes geräumt und an der Wand aufgestellt werden, damit wir Platz für alle Tänzer hatten. Es gab niemals Alkohol. Wir tranken hausgemachten Fruchtsaft aus Pflaumen, ein seltenes Vergnügen. Mein Bruder, meine Schwestern und ich schauten begeistert zu, wie die Frauen mit wehenden Röcken herumwirbelten, bis die Musik verstummte. Wir hofften, dass eines Tages auch wir tanzend durch den Raum fliegen würden.

Auch Ostern war für uns ein wichtiger Feiertag. Ein Familienmitglied oder ein Nachbar musste einen bescheidenen Esskorb am Tag vorher in die Kirche bringen, wo er dann gesegnet wurde. Am Ostersonntag spannten wir zwei Pferde vor unseren Karren und fuhren zu unserer Kirche in Tuczyn.

Es war Brauch, bis zum Ende des Gottesdienstes nichts zu essen. Dann teilte sich unsere Familie die hart gekochten Eier aus dem Korb, der am Tag vorher gesegnet worden war. Wir setzten unser Frühstück fort und aßen glücklich, was wir mitgebracht hatten.

Das gesegnete Ei symbolisiert einen neuen Anfang, ein neues Leben. Manchmal erhielten wir zur Feier des Tages neue Kleidung. Einmal bekam ich ein neues weißes Kleid mit einem dunkelblauen Bund und einer passenden Schärpe. Man sagte uns immer, dass wir die Kleider sauber halten sollen; wir wussten, dass es eine Weile dauern würde, bis wir wieder neue bekämen.

Ich erinnere mich an ein Foto von meinem Bruder, meiner Schwester, Irena und mir. Meine Mutter wollte, dass ich das Kleid trage, das ich zu Ostern bekommen hatte, doch die Schärpe fehlte. Mutter suchte fieberhaft und fand sie schließlich. Wir posierten und lächelten erleichtert, als der Fotograf endlich das Foto schoss. Alle bestellten diesen Fotografen bei besonderen Anlässen, die aber selten waren und weit auseinander lagen.

Der rote Sturm

Gefahr lag in der Luft. Die deutschen Nazihorden über-
fielen Polen am 1. September 1939 und besetzten zwei
Drittel des Landes im Westen. Es folgte die Sowjetunion, die am 17. September 1939 in Ostpolen einfiel. Ich
war damals fast fünf Jahre alt. Als Leonowka unter
sowjetische Besatzung kam, änderte sich unser Leben
dramatisch. Plötzlich befanden wir uns im Zentrum
des „Roten Sturmes".

Mein Vater steckte kleine rote Fähnchen auf unseren
weißen Zaun, um Solidarität mit den russischen Soldaten
zu zeigen, die durch unser Dorf marschierten. Sobald
die Soldaten außer Sichtweite waren, musste ich die
Fähnchen wieder abnehmen. So geschah es einige Male.

Das neue kommunistische Regime kollektivierte die
Bauernhöfe, was für uns bedeutete, einen Teil der Ernte
und der Tierprodukte an die Russen abzugeben. Es war
verboten, ein Schwein oder eine Kuh ohne Erlaubnis zu
schlachten. Selbst wenn wir eine Erlaubnis erhielten,
musste das meiste an die neuen Behörden abgegeben
werden.

Mein Vater dachte sich einen ausgeklügelten Plan aus,
um das Regime zu überlisten. Er lud nachts zwei oder
drei Nachbarn ein, ein Schwein zu schlachten, und sie
teilten das Fleisch untereinander auf. So wollte keiner
den anderen verraten. Das Ganze geschah heimlich, und
man wechselte sich bei der Bereitstellung des Schwei-
nes ab. Irgendwann wurde Vater dann doch erwischt
und kam für ein paar Tage ins Gefängnis. Uns Kindern
erzählte man nichts über die Gründe für seine Abwesenheit. Wir wussten, dass er einfach nicht zuhause war,
und dachten, er besuche bestimmt einen Verwandten.

Während der sowjetischen Besatzung musste unser Vater, der im Garten einen Bienenkorb hatte, einen Teil des Honigs an die Kommunisten abgeben. Von allem, das es bei uns gab, mussten wir einen Teil abtreten. Einmal kam ein Mann zu uns mit einem Netz über dem Kopf, um sich vor den Bienenstichen zu schützen. Er nahm einen großen Teil des Honigs und ließ uns nur einen kleinen Rest.

Die Schule, die wir besuchten, befand sich bei uns in der Nähe, sodass ich zu Fuß hingehen konnte. „Zu Weihnachten wollen die Russen die Schule begutachten", sagte uns unser Lehrer. Der Inspektor fragte: „Wer gibt euch Süßigkeiten?" Und wir antworteten so laut, wie es uns der Lehrer vorher aufgetragen hatte: „Papa Stalin gibt uns Süßigkeiten." Die Russen wollten uns glauben machen, dass wir unsere Süßigkeiten von Stalin, dem brutalen sowjetischen Diktator, bekommen und nicht vom Weihnachtsmann. Unter sowjetischer Herrschaft wurden alle Religionen offiziell verboten. Nachdem wir „Papa Stalin" gerufen hatten, bekamen wir für unsere richtige Antwort Zitronenbonbons, die *Landrynki* hießen. Wir alle freuten uns über diese süße Überraschung.

Im Winter des Jahres 1940/41 sollten meine Tante und mein Onkel, der Offizier in der polnischen Armee war, gemeinsam mit ihren drei Kindern nach Sibirien deportiert werden. Doch ein Nachbar warnte sie rechtzeitig, und unsere Verwandten standen mitten in der Nacht vor unserer Tür und versuchten, ihrem Schicksal zu entkommen. Die Kommunisten fanden sie schließlich in unserem Haus und schickten die ganze Familie ins *Gulag*, eines der russischen Gefangenenlager in Sibirien. Mein Vater wurde verhaftet, weil er ihnen geholfen hatte, und verbrachte einige Zeit im Gefängnis.

Inferno

Kurz vor dem Überfall auf Polen befahl Hitler seiner Armee: „Tötet ohne Gnade und ohne Mitleid alle Männer, Frauen und Kinder der polnischen Rasse und Sprache. Nur auf diesem Wege werden wir den Lebensraum bekommen, den wir brauchen. Mein Pakt mit Polen war nur dazu da, um Zeit zu gewinnen. Seid hart..., seid ohne Gnade... Die Bürger Westeuropas müssen vor Angst erzittern."

1941 überfiel Deutschland das von den Sowjets besetzte Polen, was bedeutete, dass sich nun das ganze Land in der Hand der Nationalsozialisten befand. Mein Dorf, Leonowka, war von den Nazis besetzt. Ihre Politik bestand darin, die gesamte polnische Kultur auszulöschen und die Bewohner durch Massenexekutionen und Deportationen in Konzentrationslager umzubringen. Nicht nur polnische Christen wurden ermordet und in die Lager geschickt, sondern vor allem die jüdische Minderheit sollte vernichtet werden. Hitler hatte einen besonderen Hass auf die Slawen und die Juden.

Nachdem die Nazis in Polen eingefallen waren, ging ich nicht mehr zur Schule. Der Schulbetrieb wurde komplett verboten. Am 15. Mai 1940 hatte Heinrich Himmler, der Chef der SS befohlen, dass polnische Kinder nicht mehr lernen sollten, als ihren eigenen Namen zu schreiben, den Deutschen zu gehorchen, einfachen Anweisungen zu folgen und nicht weiter als bis 500 zu zählen.

Die polnischen Pfarrer wurden zusammengetrieben und ins Konzentrationslager Dachau deportiert. Alle polnischen Intellektuellen, Ärzte, Anwälte, Lehrer und Beamte wurden verhaftet und ebenfalls deportiert. Für Kinder und Jugendliche aus Polen wurde in Lodz, in der

Nähe von Dzierzania, ein Konzentrationslager errichtet. Polnische Kinder wurden auf den Straßen gefangen genommen und zur Adoption und „Germanisierung" nach Deutschland geschickt. Wir wussten, was uns erwartet. Unser Schicksal lag in den Händen der Nazis. Wir hatten keine eigene Regierung und niemanden, der uns beschützte.

Meine Eltern versteckten fremde Menschen in unserem Schuppen in der Nähe des Flusses. Wenn mich niemand sah, sollte ich ihnen Essen bringen. Meine Mutter warnte mich, dass, wenn mich irgendjemand anhält, ich nichts sagen und sofort nach Hause kommen solle.

Ich wusste nie, ob diese Menschen Männer, Frauen oder Kinder waren. Alles, was ich sah, waren ausgestreckte Hände, die nach dem Essen griffen, und wie sich die einen Spalt breit geöffnete Tür schnell wieder schloss. Erst nach dem Krieg wurde das Geheimnis gelüftet, dass diese Hände Juden gehörten. Als ich einmal aufschnappte, wie mein Vater einem Verwandten von uns erzählte: „Du hättest sehen sollen, was sie mit unseren Juden gemacht haben", wusste ich, dass meine Eltern den Juden geholfen hatten.

Einmal, als mein Vater dabei erwischt wurde, warf man ihn ins Gefängnis und verhörte ihn. Er schwieg beharrlich und kam nach ein paar Tagen wieder nach Hause. Wenn man Juden half, konnte man in Polen zum Tode verurteilt werden. Weil sie dasselbe wie mein Vater getan hatten, mussten viele Polen ihr Leben lassen.

Uns Kindern wurde wieder einmal nicht gesagt, warum unser Vater nicht da war. Ich weiß bis heute nicht, wie es mein Vater, der so oft verhaftet wurde, immer wieder geschafft hat, freizukommen. Es war ein Wunder, dass er jedes Mal unbeschadet davonkam.

Im August 1943, kurz vor meinem neunten Geburtstag, sollte sich unser Leben für immer ändern. Die ukrainische Volksarmee oder UPA *(Ukraynska Povstanska Armia)* war eine nationalistische Partisanenorganisation, die mit den Nazis kollaborierte und unabhängig von ihnen entschieden hatte, alle Christen und Juden im polnischen Wolyn zu ermorden.

Mit meinen neun Jahren hatte ich keine Ahnung, wer oder was die UPA war. Doch ich begriff schnell, dass man sich vor ihr fürchten sollte. In diesem Sommer mussten wir und unsere Nachbarn in den Feldern schlafen, damit wir von der UPA nicht ermordet wurden. Einer der Erwachsenen kletterte auf einen Baum und hielt Wache. Am nächsten Tag übernahm ein anderer diese Aufgabe. Ein paar Wochen später sagte mein Vater, dass er genug vom Schlafen in den Feldern habe: „Heute Nacht schlafen wir in unseren Betten." Nachdem wir in unser Haus zurückgekehrt waren, klopfte jedoch am Abend, um elf Uhr, ein Nachbar an mein Fenster, das wir wegen der warmen Augustnacht offen gelassen hatten.

„Wiktor, Wiktor, es geht los." Meine Eltern wussten, was das bedeutet: Leonowka wurde von der UPA angegriffen. Schnell weckte uns meine Mutter. Ich sollte ein paar Pullover von den Haken nehmen, weil es nachts kalt werden konnte. Ich sah, wie meine Eltern und meine Geschwister hinaus liefen und bekam Angst, zurückgelassen zu werden. Also ließ ich die Pullover hängen und rannte hinterher. Ich hatte keine Ahnung, dass ich mein Zuhause niemals wiedersehen würde.

Als wir die Hauptstraße erreichten, dachte ich, dass mein Vater über die Brücke und Richtung Tuczyn laufen wollte. Aber Leonowka stand auf der linken Seite in Flammen, dort wo sich die Schule und die Brücke befanden. Also bogen wir schnell rechts ab, in Richtung des Hauses meiner Großmutter.

Auch dieser Weg war bald versperrt, weil es auch hier überall brannte. Die UPA hatte unser Dorf an beiden Seiten angezündet. Wir waren in der Mitte gefangen. Ich erinnere mich an die Schatten von Menschen, die über die Straße rannten. Sehr viele Schreie konnte ich hören. Zuerst dachte ich, dass es Tiere waren. Man konnte die Schreie nicht voneinander unterscheiden; es war das reine Chaos, Angst und Verzweiflung.

Wir rannten zum Schutz in die Felder, denn um diese Jahreszeit stand das Getreide sehr hoch. Meine Mutter trug meine kleine Schwester Krystyna. Ich sollte meinen Bruder Czesław und meine Schwester Irena an die Hand nehmen und meinen Eltern hinterher rennen.

Die Schritte meiner Mutter waren größer und schneller als meine, und wir fielen immer weiter zurück. Das Getreide schlang sich um meine Beine, und als ich zu Boden fiel, stürzten meine Geschwister mit mir. Als wir uns wieder aufgerappelt hatten, war meine Mutter noch weiter weg. Ich hatte panische Angst, sie zu verlieren, aber ich traute mich nicht, nach ihr zu rufen.

Plötzlich hörte ich es hinter mir im Getreide rascheln. Jemand verfolgte mich! Ich hatte zu viel Angst, mich umzudrehen oder nach meiner Mutter zu rufen, weil mich ja jemand hören könnte. Meine Mutter schaute nach uns, um sicher zu gehen, dass wir noch da waren, und sie sah im Mondlicht einen Mann, der hinter uns her rannte. Ihr stockte der Atem. Angst stand ihr ins Gesicht geschrieben.

„Janka", flüsterte der Mann, nahm meinen Bruder und meine Schwester und rannte mit ihnen zu meiner Mutter. Es war mein Vater. Er war zurückgeblieben, um die

Tiere aus dem Stall zu lassen. Wir hatten immer noch die Hoffnung, nach dem nächtlichen Inferno wieder in unser Haus zurückkehren zu können.

Einige unserer Nachbarn versteckten sich gemeinsam mit uns in den Feldern. Die ganze Nacht hörten wir das Knistern von brennenden Häusern und qualvolle Schreie. Wir kauerten eng beieinander und fürchteten das Schlimmste.

Das Haus meiner Großmutter befand sich hinter uns, der Wald lag dazwischen. Angstgedanken schossen mir durch den Kopf. „Was, wenn die Bäume Feuer fangen", dachte ich mir, „dann wird sicher auch das Feld brennen. Dann sieht man uns und sie werden uns umbringen."

Meine kleine Schwester begann zu weinen. Wir hielten den Atem an und hatten große Angst, dass jemand sie hören könnte. Schnell nahm meine Mutter Krystyna in den Arm und wiegte sie in den Schlaf. Wir rückten eng zusammen, in der Luft lag Angst, es war kühl. Nur meine Schwester wagte es einzuschlafen. Wir anderen trauten uns nicht einmal zu flüstern. Wir warteten.

Der Morgen war still und unheimlich. Leise überquerten wir den flachen Fluss. Als wir das offene Gelände erreichten, hörten wir Schüsse. Wir warfen uns alle im selben Moment zu Boden und begannen, in den nahegelegenen Wald zu kriechen. Die UPA-Männer jagten immer noch die Bewohner von Leonowka und schrien dabei, als wären sie bei einer Fuchsjagd.

Seit unserer Flucht hatten wir nicht einmal die Kleider gewechselt, wir trugen also immer noch unsere Schlafsachen. In dem Wald lebte eine meiner Tanten mit ihrer Familie. Vorsichtig näherten wir uns ihrem Haus und hofften, dass sie das Massaker überlebt hatten. Niemand war zu Hause, und meine Eltern befürchteten das Schlimmste: dass sie davongelaufen waren und man sie nie wieder sehen würde oder dass man sie ermordet hatte.

Um zur Hauptstraße zu kommen, mussten wir einen Teich in der Nähe des Hauses passieren. Als wir dort vorbei liefen, standen plötzlich drei Gestalten vor uns. Wir dachten, dass wir entdeckt seien und von der UPA getötet werden würden, doch zu unserer Überraschung waren es meine Tante, mein Onkel und ihr junger Sohn. Sie hatten sich über Nacht im Teich versteckt. Wir waren unglaublich erleichtert, sie am Leben zu sehen.

Eine andere Tante lebte mit ihrer Familie an der Hauptstraße nach Tuczyn. Bald hatten wir ihr Haus erreicht. Die Tür stand offen und das Haus schien verlassen, abgesehen von ein paar Gänsen und Hühnern, die durch die leeren Zimmer rannten. Meine Mutter nahm schnell ein paar Sachen aus dem Schrank und zog uns warm an. Sie fand etwas Brot, schnitt Scheiben ab, bestrich sie mit Butter und ein bisschen Zucker. Inmitten des Chaos, das uns umgab, war das eine ungewöhnliche Mahlzeit. Wunderbar, aber auch surreal. Ein Tropfen Normalität in einem Meer der Angst.

Hätten wir gewusst, was mit meiner Tante und ihre Familie geschehen war, und dass wir sie nie wieder sehen würden, hätte das Brot nicht halb so süß geschmeckt.

1943: Deportation nach Deutschland

Als wir in den Straßen von Tuczyn ankamen, sahen wir überall Menschen, die aus allen möglichen Richtungen kamen. Es war das erste Mal, dass ich deutsche Soldaten zu Gesicht bekam. Sie schoben und drängten uns, trieben uns zusammen für ein ungewisses Schicksal. Mütter hielten ihre Babys im Arm. Einige schoben Kinderwagen, andere hielten Bündel bei sich. Wir selbst hatten nur wenig zu tragen, da wir fast alles in dem Feuer verloren hatten.

Als wir am Bahnhof in Rowne ankamen, war es schon dunkel. Die deutschen Soldaten sagten uns, dass wir in einer Lagerhalle in der Nähe schlafen könnten. Einige nahmen dieses Angebot an, doch mein Vater wollte nicht in einem Gebäude eingeschlossen sein.

Die Deutschen sagten: „Heute Nacht kommt die UPA und wird euch abfertigen. Aber wir geben euch Waffen, damit ihr zurückschießen könnt."

Jahre später fanden wir heraus, dass das eine Lüge der Deutschen war, die nur wollten, dass sich die Polen und die UPA gegenseitig umbrachten, und so den Deutschen die Mühe und Energie ersparten, es selbst zu tun.

Es war Spätsommer und immer noch warm. In der Nähe des Bahnhofs gab es eine Böschung, an der wir uns schlafen legten, bedeckt von nichts anderem als dem Himmel. In der Nacht fielen viele Schüsse aus den Gewehren der UPA. Junge Polen, denen man Waffen gegeben hatte, kämpften die ganze Nacht gegen die Ukrainer. Ich erinnere mich daran, wie die Kugeln über meinen Kopf pfiffen. Mein Vater drückte mich runter. „Bożenna, lass deinen Kopf unten." Glücklicherweise wurde niemand aus meiner Familie verletzt.

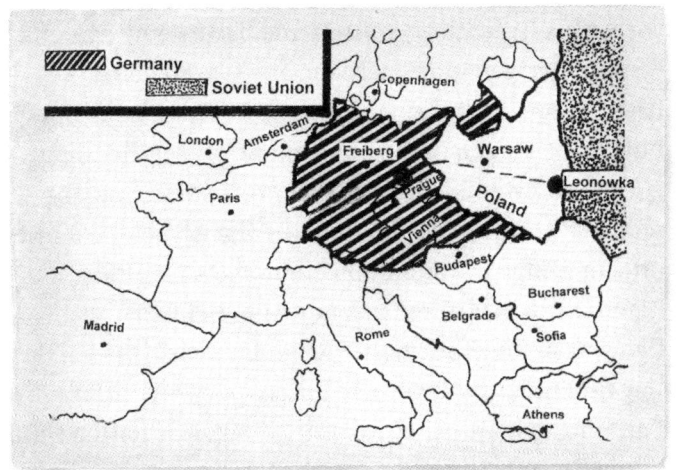

Deportation nach Deutschland

Am Morgen sammelten die Deutschen die Gewehre wieder ein und machten uns ein Angebot, dass wir schwer ablehnen konnten: „Ihr könnt entweder in Polen bleiben und von der UPA erschossen werden, oder wir bringen euch nach Deutschland", sagten sie uns. „Ihr werdet es dort gut haben, ihr werdet zu essen bekommen, Kleidung, Erwachsene bekommen Arbeit, und die Kinder können in die Schule gehen", versicherte man uns.

Es wurde kaum auf eine Antwort gewartet. Man führte uns zum Güterzug. Ich lernte mein erstes deutsches Wort, als einer der Soldaten rief: „Schnell, schnell." In dem Durcheinander wurden wir von unserem Vater getrennt. Mutter steckte den Kopf aus dem Wagen und rief: „Wiktor, Wiktor, wo bist du?"

Mein Vater stand immer noch auf dem Bahnsteig, hörte die Stimme meiner Mutter und drängte sich durch die Menschenmassen. Die Leute halfen ihm, in unseren Waggon zu steigen. Die Familie war wieder vereint.

In dem Waggon drängten sich die Menschen. Ich war

vorher noch nie Zug gefahren und hatte keine Ahnung, wie ein Zug eigentlich aussieht. Die Wagen hatten keine Fenster, nur eine kleine Öffnung, durch die ein wenig Luft kam. Wegen der schlechten sanitären Bedingungen stank es entsetzlich. Neben mir stand eine junge polnische Mutter, die ihr Kind in den Armen hielt und um ein wenig Raum bettelte, damit sie ihr Kind stillen konnte. Doch dafür gab es nur wenig Platz.

Wir waren ungefähr drei Tage unterwegs. Obwohl der Zug oft anhielt, wurden die Türen nie geöffnet. Für die Pausen gab man uns keine Erklärung. Wir hatten sehr wenig Essen bei uns, und niemand gab uns etwas. Einige ältere Leute saßen zusammen auf dem Boden, andere standen eng in Gruppen beieinander und versuchten, sich ab und zu hinzusetzen.

Irgendwann wurden die Türen endlich geöffnet. Wir waren in Deutschland angekommen. Wieder rief jemand: „Schnell, schnell"; Hunderte Menschen quollen aus den Waggons und versuchten, mit ihren verkrampften und geschwollenen Gliedern, den Anweisungen zu folgen. Wir wurden zügig in Gruppen von je dreißig Personen aufgeteilt. Unsere Gruppe sollte nach Freiberg kommen. Glücklicherweise war unsere Familie immer noch beisammen.

Freiberg, Deutschland

Wir erreichten Freiberg Anfang September 1943 und wurden in einem alten Schulgebäude untergebracht. Es gab keine Betten, also mussten wir auf dem Boden schlafen. Unsere zusammengerollten Sachen benutzten wir als Kissen, schlossen die Augen und warteten ängstlich auf den kommenden Tag.

Meine Eltern wurden gezwungen, in einer Gerberei zu arbeiten, wo Lederwaren für den Krieg hergestellt wurden. Viele Kinder arbeiteten draußen und bereiteten die Felder für die nächste Saat vor. Da unsere Eltern beide arbeiteten, war es meine Aufgabe, auf meine drei jüngeren Geschwister aufzupassen.

Wir hatten keine warme Kleidung, und ich wurde während des Winters sehr krank. Niemand wusste, was mit mir los war. Meine Mutter erzählte ihrem deutschen Vorarbeiter von meinem immer schlechter werdenden Zustand, dass ich nicht laufen könne und den ganzen Tag nur auf dem Boden liegen würde.

Eines Tages, während meine Eltern in der Gerberei arbeiteten, kam der deutsche Vorarbeiter, um mich zu sehen. Mit einer Handbewegung wies er mich an, ihm zu folgen. Ich wusste bereits, dass man den Deutschen gehorchen musste, deswegen strengte ich mich selbst in meiner schlechten Verfassung an, ihm zügig die kalten, glatten Eisenstufen hinunter zu folgen. Ich zitterte und hatte Angst, bei jedem Schritt zwischen den Stufen herunter zu fallen.

Draußen wartete ein kleines schwarzes Auto auf uns. Ich musste mich auf die Rückbank setzen. Ich fragte mich, ob meine Eltern wüssten, was gerade mit mir geschah. Ich versuchte, mir Orientierungspunkte einzuprägen, nur für den Fall, dass ich weglaufen und zu meiner Familie zurück könnte. Doch ich war zu krank, um mir irgendetwas zu merken.

Dann sah ich eine große Stadt, und ich, krank, wie ich war, dachte, dass der Mann mich ins Krankenhaus bringen würde. Danach verschwamm alles. Das Auto hielt vor einer kleinen, hölzernen Baracke. Der Mann sagte: „Das ist für Leute wie dich." Ich hatte keine Ahnung, was er damit meinte, aber ich folgte seinen Anweisungen und betrat mit schwachen Schritten das Gebäude. Der Vorarbeiter übergab mich zwei deutschen Frauen. Ich sollte mich ausziehen und mir ein weißes Nachthemd anziehen. Da meine Haare voller Läuse waren, rasierten die Frauen mir den Kopf. Eine der „Schwestern" brachte mich in einen kleinen Raum mit sechs leeren Betten und einem kleinen Fenster. Von meinem Bett aus schaute ich oft durch das Fenster, in der Hoffnung, Menschen oder Autos zu sehen, doch alles, was ich sah, waren Berge mit weißen Spitzen. Ich blieb im Bett, zu krank, um mich zu bewegen, und ich fragte mich, wer wohl auf meinen Bruder und meine Schwestern aufpasst, während meine Eltern arbeiten.

Weil ich von meiner Familie getrennt worden war, begann ich in einem Akt des kindlichen Protests, absichtlich ins Bett zu machen. Ich weigerte mich, die Augen zu öffnen, wenn die Frauen ärgerlich die Bettwäsche wechselten und mich von einem Bett ins andere legten. Eine Strafe gab es dafür nicht. Vielleicht tat ich den Frauen leid, so krank und allein wie ich da lag. Als es mir besser ging, hörte ich andere Kinderstimmen aus den Baracken, doch niemand durfte zu mir ins Zimmer. Ich fand nie heraus, wie alt die anderen Kinder waren oder welche Krankheiten sie hatten.

In einem meiner Träume stellte ich mir vor, dass meine Mutter neben meinem Bett sitzt und mir liebevoll die Hand streichelt. Als sie meine Hand berührte, versuchte ich, nicht zu weinen. Ich hielt meine Augen geschlossen und versuchte verzweifelt, das Bild meiner Mutter festzuhalten. Der Traum sollte niemals enden. Ich wollte meine Mutter nicht loslassen, nur für den Fall, dass der Traum das Letzte war, was mir noch blieb.

Jahre später erfuhr ich, dass meine Mutter tatsächlich gekommen war, um mich zu sehen. Sie wollte sichergehen, dass ich noch am Leben bin.

Die Deutschen teilten meinen Eltern mit, dass ich Ruhr und Tuberkulose hätte, eine ansteckende Krankheit, bei der man lange Zeit isoliert werden muss. Sie hatten Angst, dass ich sie und die anderen Zwangsarbeiter infiziere. Deswegen hätten sie mich weggebracht. Natürlich ging es ihnen nicht um uns als menschliche Wesen, sie wollten nur keine Arbeitskraft durch die Krankheit verlieren.

Nach ungefähr drei Monaten holte mich ein anderer Deutscher ab. Er kam mit dem Fahrrad, ich musste auf dem Lenker sitzen und mich festhalten, um nicht herunterzufallen. Der Schnee begann gerade zu schmelzen und Schlamm spritzte gegen meine Beine. Während der Fahrt betete ich, dass ich zu meiner Familie zurückgebracht würde. Meine Gebete wurden erhört, doch der Deutsche lehnte den Wunsch meiner Mutter ab, dass ich noch einen Tag ruhen darf, bevor ich wieder an die Arbeit muss.

Als ich am nächsten Morgen erwachte, konnte ich meine Schuhe nicht finden. Jemand hatte sie in der Nacht gestohlen. Ich musste mir die Füße mit Stofffetzen umwickeln, wie ich es bei anderen Kindern gesehen hatte.

Gemeinsam mit meinem Bruder und meiner jüngeren Schwester kehrten wir zur Arbeit zurück und bestellten das Feld für die Aussaat. Es war sehr kalt, und wir hatten keine Handschuhe oder warme Kleidung. Unsere Hände und Füße waren wie gefroren. Wir zitterten die ganze Zeit.

Um meine jüngste Schwester kümmerten sich die wenigen Mütter, die von der Arbeit draußen freigestellt waren und stattdessen die Babys der Zwangsarbeiter betreuen sollten.

Bald darauf mussten wir unsere Habseligkeiten packen, man würde uns an einen anderen Ort bringen. Alte Lastwagen und von Pferden gezogene Waggons kamen an. Uns wurde gesagt, wir sollten in die Lastwagen einsteigen. Wieder einmal fuhren wir ins Ungewisse.

1944: Arbeitslager Chemnitz

Bei der Fahrt durch eine Stadt, deren Namen ich vergessen habe, mussten wir plötzlich anhalten, um für einen Umzug Platz zu machen. Mein Vater und ich stiegen von dem Lastwagen und mischten uns unter die Zuschauer. Mein Vater war aufgeregt. „Bożenna, Bożenna, schau mal! Da ist Adolf Hitler!" Er setzte mich auf seine Schultern, damit ich besser sehen konnte.

Ich hatte kaum eine Ahnung, wer Hitler war. Ich wusste, dass er wichtig war und dass die Leute ihm große Aufmerksamkeit widmeten, aber ich hatte keinen Schimmer, warum. Ich interessierte mich eher für das zweisitzige Motorrad, mit dem er fuhr. Noch nie hatte ich eine so schöne Maschine gesehen.

Bald darauf fuhren wir weiter und kamen schließlich in einem Arbeitslager in Ostdeutschland an. Das Lager in Chemnitz unterschied sich sehr von dem in Freiberg. Die Deutschen hatten es mit einem hohen Stacheldrahtzaun versehen. Es gab hölzerne Baracken für Menschen aus verschiedenen Ländern. Polen, Ukrainer und Zigeuner wurden, unabhängig von ihrer Herkunft, zusammengepfercht.

Nach unserer Ankunft in Chemnitz sagten die Deutschen uns, dass die Kinder Milch bekommen sollten. Dieses Versprechen wurde tatsächlich gehalten, man ließ Tassen unter uns herumgehen. Endlich kam ich an die Reihe und gab mir Mühe, nichts von der wertvollen Flüssigkeit zu verschütten. Als ich in meine Tasse schaute, um zu sehen, wie viel ich bekommen hatte, sah ich, dass nur noch der Boden mit Milch bedeckt war.

Milch gab es später nicht wieder. Wir bekamen Brot, das komisch schmeckte, anders als das Brot, das ich

Chemnitz, Arbeitslager, 1944
Hintere Reihe, links: Mutter, Mittlere Reihe, von
links: Czeslaw, Irena und Bożenna (mit Mütze)
Erste Reihe, von links: Krystyna

- -

aus Polen kannte. Ich aß es, weil ich immer hungrig
war und wusste, dass es lange dauern würde, bis wir
wieder etwas bekommen sollten.

Das Arbeitslager befand sich zwischen dem Chemnitzer Hauptbahnhof und einer Munitionsfabrik, wo die
Gefangenen arbeiten mussten. Mein Vater lud tagsüber
Torpedos auf Lastwagen, die die Waffen dann zu den
nahegelegen Eisenbahnwaggons brachten. Mutter arbeitete nachts in derselben Fabrik, deswegen hatten wir
als Familie kaum Zeit füreinander.

Es war verboten, aus den Fenstern der Baracken auf den
Bahnhof zu schauen. Sollten wir es doch tun, drohten
die Wachen, uns zu erschießen. Neugieriges Kind, das
ich war, widersetzte ich mich dieser Anweisung, und das
Schild mit der Aufschrift „Chemnitz" am Bahnsteig ist
bis heute in meinem Gedächtnis eingebrannt. Grund für
dieses Verbot war, dass die Deutschen fürchteten, einige

der Gefangenen seien Spione und könnten die Fahrpläne und Richtungen der Munitionszüge herausbekommen. Tag und Nacht heulten die Luftangriffssirenen, wenn die Alliierten versuchten, den Bahnhof, die Gleise und die Fabrik zu bombardieren. All das machte uns nervös und jagte uns Angst ein, da wir überhaupt keine Fluchtmöglichkeit hatten, sollte einmal eine Bombe ihr Ziel treffen.

Ich kann mich noch an den Tag erinnern, als eine neue polnische Gefangene ein Foto von uns machte. Die Deutschen hatten ihren Fotoapparat nicht gefunden, und sie machte schnell eine Aufnahme von unserer Gruppe vor der Baracke. Ich hatte große Angst, weil ich wusste, dass das verboten war.

Unsere Baracke beherbergte ungefähr zwanzig Personen, alle aus Polen. Wir schliefen in Doppelstockbetten auf Strohsäcken. Mein Bett war oben. Es gab keine anderen Möbel. Wir saßen auf unseren Betten – das war unser ganzes Zuhause. Manchmal dachte ich nachts an unser Haus in Leonowka und fragte mich, ob unser Hund und die Welpen das Feuer überlebt hatten.

In unserer Baracke gab es keine Toiletten. Wir mussten die nahegelegene Gemeinschaftslatrine benutzen, die keinerlei Privatsphäre bot. Ich hatte Angst, allein dorthin zu gehen, weil ich nie sicher war, wen ich da treffe und was sie von mir wollen könnten.

Im Lager gab es die Vorschrift, dass kein Gefangener das Gelände verlassen darf, außer unter Bewachung. Doch manchmal kam es vor, dass die Alliierten nachts, unter Sirenengeheul, versuchten, die Gleise oder die Munitionsfabrik zu bombardieren. Unsere Baracke lag genau neben dem Gleis, deswegen befanden wir uns im Abwurfgebiet. Mein Vater hatte ein paar Latten an dem Zaun neben unserer Baracke gelockert, wovon nur meine Familie wusste. Hätte ein anderer davon erfahren, wären wir vielleicht verraten worden, in der Hoffnung, dass es dafür ein bisschen mehr zu essen gibt. Während der Angriffe hasteten wir zu der Lücke im Zaun und versuchten, nicht von den Deutschen gesehen zu werden, die in der Nähe des Lagers lebten. Sobald die Bombardierung vorbei war, rannten wir wieder in unsere Baracke und waren froh, ein weiteres Mal davongekommen zu sein.

Kinder mussten keine Zwangsarbeit in den Fabriken leisten. Während der Zeit im Lager habe ich keine Freundschaften geschlossen, weil ich niemandem vertraute. Meine einzigen Freunde waren meine Geschwister. Wir hatten keine Spielsachen. Ich kann mich an keine einzige Geste der Freundlichkeit von den Wärtern erinnern.

Wir bereiteten unser Essen nicht in den Baracken zu, obwohl in der äußersten Ecke ein Ofen stand. Es gab eine von den Deutschen unterhaltene Gemeinschaftsküche, in der einige Gefangene arbeiteten. Ich erinnere mich an große Töpfe mit Rübensuppe, die man uns brachte. Kleine Portionen der trüben Flüssigkeit wurden in Schalen gegossen, die wir mit verbogenen alten Löffeln aßen – entweder in den Baracken oder draußen, wenn das Wetter gut war und wir nicht bombardiert wurden. Die anderen Gefangenen aßen in der Munitionsfabrik während ihrer Arbeitszeit.

Bei einem der Bombenangriffe wurde ein Teil des Zaunes zerstört. Neugierig kroch ich durch die Öffnung, um zu sehen, was es auf der anderen Seite gab. Zu meiner Überraschung sah ich einen Müllhaufen. Ich dachte: Wo es Müll gibt, da gibt es auch Essen. Also kroch ich auf allen Vieren leise zu dem Müllhaufen. Ich wollte nicht, dass mich jemand sieht; mein Ausflug konnte mit einer Bestrafung oder mit dem Tode enden.

Ich trug ein Kleid, deswegen stand ich bis zu den Knien direkt im Müll. Ich fand Apfelreste, die ich hastig verschlang. Ich suchte nach mehr, fand aber stattdessen nur Kartoffelschalen. Ich hielt mein Kleid wie eine Schürze auf und sammelte die Schalen ein, die ich in die Baracke bringen wollte.

Bożenna auf dem Müllhaufen am Chemnitzer Arbeitslager, 1945

Bevor ich wieder aufstand, sah ich ein wunderschönes weißes Haus auf einem Hügel über dem Müllplatz. Es war Abend, und ich konnte einen hellen Kronleuchter in einem Zimmer im zweiten Stock sehen. Mit Tränen in den Augen wurde mir der Kontrast bewusst zwischen mir, wie ich im Müll nach Essen suche, und jemandem, der mit dem Luxus eines Kronleuchters lebt.

Bis heute kann ich das Bild nicht vergessen, wie ich als kleines Mädchen wie ein Hund nach Essensresten suchte, während andere in einem wunderbaren Haus mit einem Kronleuchter lebten. Traurig kehrte ich in unsere Baracke zurück und gab die Kartoffelschalen einer Frau, die sie wusch und kochte. Ich kann mich nicht daran erinnern, die Schalen auch gegessen zu haben, denn ich hatte ein ziemlich schlechtes Gewissen, weil ich schon die Apfelreste allein gegessen hatte, ohne sie mit meiner Familie zu teilen.

Ein anderes Mal wurde die Lagerküche bombardiert, und ich fand ein zerbrochenes Glas roter Marmelade auf dem Boden. Ich entschied mich, etwas von dieser Delikatesse zu essen. Ich konnte mich kaum noch daran erinnern, wie Marmelade schmeckt, da wir so etwas Leckeres seit Leonowka nicht mehr bekommen hatten. Ich nahm ein bisschen Marmelade in die Hand und versuchte, es bis in die Baracke zu transportieren, um es mit den anderen zu teilen. Zu meiner Enttäuschung blieb nur meine rote, klebrige Hand übrig. Die Marmelade war mir durch die Finger geronnen.

Ich erinnere mich auch an einen anderen Bombenangriff. Wieder einmal war die Munitionsfabrik das Ziel. Uns wurde befohlen, das Lager zu verlassen, die Deutschen führten uns aus unerklärlichen Gründen nach draußen. Die Bombe verfehlte ihr Ziel und hinterließ einen großen Krater im Lager, der sich bald mit Wasser füllte. Meine Eltern, meine Geschwister und ich standen schließlich am Rande des Kraters. Neben uns stand ein bewaffneter deutscher Wachmann. Der Mann sagte meinem Vater, dass er „es kaum erwarten kann, bis Hitler den Krieg gewonnen hat und all das hier vorbei ist." Mein Vater wagte nicht, ihm zu antworten, für den Fall, dass die Worte der Wache eine Falle waren. In der Zwischenzeit wurden Flugblätter abgeworfen, in denen Hitler aufgefordert wurde zu kapitulieren: „Der Krieg ist verloren. Die Leute werden bald befreit werden."

Eine sehr klare Erinnerung habe ich an die einzige Dusche, die ich in Deutschland während dieser Zeit benutzt habe. Wir wurden in den Keller der Munitionsfabrik geführt, mussten uns ausziehen und unsere Sachen jeweils auf einen Haufen legen. Meine Eltern waren sehr still und sagten uns, dass wir tun sollen, wie man uns befiehlt. Nackt standen wir in der Dusche und warteten. Meine Eltern rückten uns Kinder näher zusammen. Mir war es sehr peinlich, meine Eltern nackt zu sehen. Plötzlich schoss kaltes Wasser aus dem Duschkopf. Meine Eltern sahen verängstigt aus, sagten aber nichts. Sie hielten uns einfach weiter fest. Danach sollten wir uns vor eine heiße Lüftung stellen. Meine Eltern stellten uns in die Reihe, ohne ein Wort zu sagen. Da standen wir und warteten. Wenig später hörten und spürten wir die warme Luft. Ich erschrak, als meine Eltern begannen, nach Atem zu ringen, aber kurz darauf sollten wir uns schon wieder anziehen und zu unseren Baracken zurückkehren.

Mein Vater hat mir nie erzählt, warum er vor den Duschen und der Lüftung so viel Angst hatte. Aber offensichtlich hatte er irgendwie von den Gaskammern in den Konzentrationslagern erfahren. Selbst in diesen schrecklichen Zeiten habe ich nie meinen Glauben an Gott verloren. Da die Deutschen mit meiner Religion nichts zu tun haben wollten, sagte mir meine Mutter, dass ich meine Gebete für mich sprechen sollte, während ich in meinem Bett lag. Zu Hause hatte ich mich immer vor das Bett gekniet. Ich fand diese neue Art zu beten sehr respektlos und nicht sehr christlich. Aber ich war ein folgsames Kind und gehorchte meiner Mutter. Meine Schwestern und mein Bruder taten dasselbe und beteten wie ich.

1944-1945: Chemnitz –
Die Verhaftung meiner Mutter

Während des Winters 1944/45 verhafteten die Deutschen meinen Vater und verhörten ihn die ganze Nacht. Sie verprügelten ihn schrecklich, weil er angeblich einen privaten Brief geschrieben hätte, in dem er die Deutschen für die Behandlung der Zwangsarbeiter, das fehlende Essen und die medizinische Versorgung der Kinder kritisiert habe.

Am Morgen danach, vollkommen erschöpft und von den Schlägen gezeichnet, zeigte man ihm einen Brief und fragte, wessen Unterschrift darunter stand. Er gab ohne Nachzudenken zu, dass es die Unterschrift meiner Mutter sei. Der Brief war für ihren Bruder in einem anderen Lager bestimmt, aber die Wachen hatten ihn abgefangen. Mein Vater wurde wieder zur Arbeit geschickt, obwohl er die ganze Nacht nicht geschlafen hatte.

Am Morgen kamen zwei deutsche Polizisten und verhafteten meine Mutter. Sie nahmen sie einfach mit. Mit Angst in den Augen schaute sie mich an und flüsterte „Bożenna, unter der Matratze sind neun Mark." Ich hatte keine Ahnung, was ich mit dem Geld machen soll. Hilflos stand ich da und sah, wie meine Mutter aus dem Lager verschwand.

An diesem Tag begann für meine Mutter eine schreckliche Odyssee. Sie kehrte nie mehr in das Lager zurück. Ein Vorarbeiter aus der Fabrik sagte meinem Vater, dass Mutter nach Ravensbrück gebracht worden sei, in ein deutsches Konzentrationslager für Frauen.

Nach der Verhaftung meiner Mutter blieben meine Geschwister und ich mit unserem Vater in unserer Baracke, und auch sonst ging das Leben im Lager weiter seinen

„geregelten Gang". Für meine Geschwister wurde ich die „kleine Mutter". Wir hatten niemanden außer uns selbst. Mein Vater tat, was er konnte, aber er musste sehr viele Stunden am Tag arbeiten.

Ich war erst zehn Jahre alt.

Wenn die Sirenen heulten, dann hatten andere Kinder Mütter, die ihnen sagen konnten, was zu tun ist. Ich fühlte mich hilflos und stand oft weinend mitten im Lager, bis mein Vater von seiner Schicht in der Fabrik zurückkam.

Kinder mussten in Chemnitz keine Zwangsarbeit leisten. Stattdessen mussten wir bei den weiblichen Wachen in die Schule gehen und Sachen über Deutschland, Hitler und die Nazis lernen und, am wichtigsten, über die hoffnungsvolle Zukunft, die alle erwartete, wenn die Deutschen den Krieg gewinnen würden.

Der Dezember 1944 spielt in meinen Erinnerungen eine wichtige Rolle. Weihnachten stand vor der Tür, und die sogenannten Lehrerinnen brachten uns grüne Wolle, aus der wir Schals stricken sollten. Ich mochte die Farbe und freute mich darauf, meinen Schal fertig zu stricken und ihn zu tragen, damit er mich warm hält. Zu meiner Enttäuschung nahmen uns die Lehrerinnen die Schals weg, als sie fertig waren – als Weihnachtsgeschenke für ihre Familien. Uns blieb einzig der Gedanke an das warme, wärmespendende Gefühl der Wolle.

Zu diesem Zeitpunkt hatte ich aufgegeben, mich um mich zu kümmern, ich kam schmutzig und ungekämmt zum Unterricht. Ich vermisste meine Mutter und war meistens sehr traurig. Vor dem Unterricht untersuchte eine weibliche Wache unsere Gesichter und Hände. Als sie meine sah, riss sie mich vom Stuhl und schrie: „Du kommst nie wieder so schmutzig hierher." Ich verlor mein Gleichgewicht und fiel auf den Boden. Die Wache trat mich und schrie: „Da siehst du, was passiert, wenn du dreckig hierher kommst." Ich krümmte mich vor Schmerzen, und meine Geschwister schauten ängstlich zu. Nach diesem Vorfall fürchtete ich mich noch mehr vor allem und jedem.

1945: Ins Unbekannte

Im Frühling 1945 sagten uns die Deutschen, dass man uns an einen anderen Ort bringen würde. Ich wollte nicht fort, weil ich mir Sorgen machte, wie unsere Mutter uns dann finden würde. Wir hatten keine Ahnung, wo sie war, und ich wollte auf ihre Rückkehr warten.

Eines Morgens kamen etliche von Pferden gezogene Wagen an und brachte uns an den Stadtrand von Chemnitz. Die deutschen Wachen befahlen uns, die Wagen zu verlassen und die amerikanische Front zu suchen. Sie zielten mit ihren Gewehren auf uns und sagten, wir sollten nie mehr zurückkommen. Wir hatten keine Ahnung, wo die „Front" war. Die Leute teilten sich in kleine Gruppen auf, von denen jede eine andere Vorstellung davon hatte, wo sich die Alliierten befinden könnten.

In unserer Gruppe waren wir und noch eine andere Familie. Wir liefen tagelang, schliefen meist im Wald und einmal in einem verlassenen Eisenbahnwaggon. Gedanken schossen mir durch den Kopf: „Was wäre, wenn ein anderer Zug kommt und uns an einen unbekannten Ort bringt?"

Doch der nächste Morgen begann ohne Zwischenfall und wir liefen weiter ins Unbekannte. Einmal fragte mein

Vater einen Polizisten, wo die amerikanische Front sei. Der Polizist wurde sehr wütend. Er hätte meinen Vater erschossen, wenn nicht eine deutsche Frau ihn daran gehindert hätte, den Abzug zu drücken.

Während unserer Wanderung waren wir so hungrig, dass wir eines Tages zu einem deutschen Bauernhaus gingen und um Essen bettelten. Eine freundliche Frau bat uns in ihr Haus und gab uns Suppe und Brot. Nachdem wir gegessen hatten, sollten wir durch die Hintertür verschwinden, damit uns keiner sieht und niemand der Frau oder uns Schaden zufügt.

Abgesehen von dieser Mahlzeit ernährten wir uns von Beeren und Pilzen, die wir am Weg fanden. Irgendwann erreichten wir die Amerikaner, die uns in einem leeren Gebäude unterbrachten. Mehr und mehr Flüchtlinge kamen jeden Tag an. Ich hatte keine Ahnung, wo wir uns in Deutschland befanden.

Die Amerikaner konnten sich nicht um so viele Flüchtlinge kümmern. Sie kamen aus allen Richtungen und hofften auf ein Dach über dem Kopf. Ein Gedanke ging mir immer durch den Kopf: „Wo ist meine Mutter? Ob sie weiß, wo sie uns finden kann?"

Ich kam in eine deutsche Schule. Die Kinder machten sich über mich lustig und verspotteten mich mit gemeinen Beleidigungen. „Du polnisches Schwein, du polnischer Dieb", das waren ihre Lieblingsschimpfwörter. Im Vergleich zu den anderen Kindern, die sauber und schön angezogen waren, war ich schlecht gekleidet. Einige Mädchen hatten sogar Schleifen im Haar. Ich war elf Jahre alt und beneidete diese Mädchen, wie sie vor mir herumstolzierten mit ihren Schleifen in so vielen Farben, die sorgfältig auf ihrem glatt gekämmten Haar platziert waren.

Wir hatten immer noch keine besseren Kleider oder gute Schuhe bekommen, es war kein Wunder, dass man sich ständig über uns lustig machte. Als die Amerikaner hörten, wie schlecht man uns in der Schule behandelte, entschieden sie, uns woanders hinzubringen, wo die Lebensbedingungen besser sein sollten.

Lastwagen kamen, und unsere Familie, außer meiner Mutter natürlich, wurde an einen unheimlichen Ort irgendwo im Wald gebracht. Nachdem wir durch ein großes Tor gefahren waren, hielten die Lastwagen an, doch niemand wollte aussteigen. Als man uns fragte, warum sich niemand bewegte, sagte mein Vater, dass man uns in das inzwischen verlassene frühere Konzentrationslager Buchenwald gebracht hätte.

Die Amerikaner verstanden unsere Beklemmung und unsere Angst vor diesem Ort, und man brachte uns sofort zu unseren alten Quartieren zurück. Sie wussten nicht, wo sie uns sonst hinbringen sollten.

1945-1946: Das Flüchtlingslager in Karlsruhe-Forstner

Kurz nach diesem Zwischenfall wurden wir wieder verlegt, dieses Mal in das Flüchtlingslager (Camp for Displaced Persons) in Karlsruhe-Forstner im Südwesten Deutschlands. Hier waren die Lebensbedingungen besser. Die Camps waren von der UNRRA (United Nations Relief and Rehabilitation Administration, Nothilfe- und Wiederaufbauverwaltung), einer Art Wiedergutmachungsstelle der Vereinten Nationen eingerichtet worden, um obdachlosen Flüchtlingen in den alliierten

Meine Erstkommunion
Vater hinten; erste Reihe, von links: Irena,
Krystyna, Bożenna und Czeslaw.
Karlsruhe-Forstner, Flüchtlingslager, 1946

Gebieten zu helfen. Wir wurden in großen, zwei- und
dreistöckigen Gebäuden untergebracht. Ich begann, die
Schule im Camp zu besuchen, wo es zwei Lehrer gab.
Ein polnischer katholischer Pfarrer, der ein Lager der
Nazis überlebt hatte, war für unsere religiöse Erziehung
zuständig.

Ich war elf Jahre alt, und es war höchste Zeit für meine
Erstkommunion und Konfirmation. Mein weißes Kleid
wurde aus einer alten Tischdecke genäht. Es war wun-
derschön. Jemand machte ein Bild von meinem Vater,
meinen Geschwistern und mir, wie wir im Eingang unseres Blocks stehen. An jeder Tür steht „*Block 4*". An den
Namen der Kirche kann ich mich nicht mehr erinnern.
Ich glaube, dies ist eine beabsichtigte Erinnerungslücke.
Ich mochte die Deutschen nicht, ihre Sprache oder
ihre Musik. Alles, was Deutsch war, machte mir Angst.

Ich wählte den Namen „Maria" für meine Konfirmation. Diese Wahl war für mich ganz natürlich, denn ich wünschte mir nichts mehr als eine Mutter. Bis heute habe ich ein besonderes Verhältnis zur Heiligen Mutter. Mir war immer schrecklich bewusst, dass ich keine Mutter hatte, aber diese traurigen Gedanken teilte ich mit niemandem. Wie ich all jene beneidete, die sich in den Armen einer Mutter sicher fühlen konnten!

Trotz meiner Traurigkeit fand ich endlich ein paar Freunde und begann wieder, Menschen zu vertrauen.

Ich klammerte mich an alles, was mit Polen zu tun hatte, und versuchte, nichts von dem zu vergessen, was meine Mutter mich lieben und ehren gelehrt hatte.

Eines Tages erfuhr ich, dass der Namenstag einer neuen Freundin kurz bevor stand. In Polen ist es üblich, den Namenstag statt des Geburtstags zu feiern. Ich wollte meiner Freundin Blumen schenken, doch wo sollte ich die her bekommen? Ich beschloss, außerhalb des Lagers ein Stück Camay-Seife, das wir von der UNRRA erhalten hatten, für ein paar Blumen aus dem Garten von irgend jemandem zu tauschen. Ich fand eine Frau, die gerade in ihrem Garten arbeitete, und fragte sie in meinem besten Deutsch, ob sie mir Blumen gegen Seife tauschen würde. Sie war einverstanden und pflückte mir einen gemischten Strauß. Meine Freundin war begeistert über dieses wunderbare Geschenk, und ich war stolz, dass ich meinen Plan hatte verwirklichen können.

Sich frei bewegen zu können, war eine neue Erfahrung für mich, genauso wie die Möglichkeit, Dinge, die ich besaß, gegen etwas einzutauschen. Es war ein wirklich zauberhafter Moment in meinem Leben.

Nach Amerika

Irgendwann im Jahre 1946 fragten die amerikanischen Angestellten der UNRRA meinen Vater, wie seine Zukunftspläne aussähen, jetzt, da der Krieg vorbei sei. Meine Vater antwortete: „Ich möchte nicht zurück nach Polen, weil es jetzt von den Kommunisten besetzt ist. Ich habe genug vom Kommunismus. Ich kann nicht in Deutschland bleiben, weil ich Angst vor den Deutschen habe."

Vater erzählte den Beamten, dass wir Verwandte in New York haben, zwei Brüder und seine Mutter. Er hatte keine Adresse, aber vielleicht könne die Organisation sie ja ausfindig machen. Großmutter hatte ihre beiden Söhne vor dem Krieg besucht und schaffte es glücklicherweise nach dem Kriegsausbruch nicht mehr nach Polen zurück. Der Schrecken auf dem europäischen Kontinent blieb ihr deshalb erspart.

Die Beamten waren bei der Suche nach unseren Verwandten erfolgreich, und sie erklärten sich bereit, für uns zu bürgen. Kurz darauf bekamen wir amerikanische Einreisegenehmigungen. Fragen schossen mir durch den Kopf: „Wo ist Amerika? Wo ist meine Mutter? Ist sie noch am Leben? Wie soll sie uns jemals finden?"

Mitte Februar 1947 waren wir mit einem Auto der UNRRA unterwegs nach Bremen. Während unserer Reise schliefen wir im Haus einer deutschen Frau. Ich schlief auf einer Holzkiste am Fenster. Meine Nacht war unruhig, vielleicht wegen des deutschen Hauses, in dem ich mich befand, oder weil ich so aufgeregt war, Deutschland zu verlassen.

Man brachte uns nach Bremerhaven, und wir fuhren mit der „Ernie Pyle", einem amerikanischen Truppentransportschiff, nach Amerika. Neun Tage dauerte die stürmische Fahrt, und ich war die ganze Zeit über seekrank. Doch es zählte nichts anderes, als dass wir auf dem Weg in ein neues Leben waren.

Wir erreichten den Hafen von New York City am 21. Februar 1947. Es war ein typischer kalter Wintertag und ich war nicht warm genug angezogen für so ein Wetter. Ich war inzwischen zwölf Jahre alt.

Wir verließen das Schiff und versuchten, uns wieder an den festen Boden unter den Füßen zu gewöhnen. Nach viel Papierkram durfte mein Onkel uns mit nach Hause nehmen. Wir fuhren mit seinem wunderbaren Chrysler. Mir wurde während der Fahrt schlecht, und mein Onkel musste oft anhalten, um mich rauszulassen. Ich konnte es kaum glauben: Ich war endlich an einem sicheren Ort, mit einer Familie. Ich hatte sogar eine Großmutter. Endlich würde ich mich nicht mehr so alleine fühlen.

Ich hatte nie eine Puppe, habe nie mit Freunden Seilspringen gespielt und trug niemals Schleifen im Haar. Doch abgesehen davon, war es ein schrecklicher Gedanke, der mich während der ersten Jahre in Amerika beschäftigte: Ich wusste nicht, ob ich noch eine Mutter hatte. War sie tot oder am Leben? Wenn sie noch am Leben ist, würde sie doch niemals in Amerika nach uns suchen. Sie würde uns niemals finden.

Nachwirkungen

Wir zogen in das Haus einer Tante im New Yorker Stadtteil Queens. Sie musste uns die Läuse aus den Haaren
kämmen, was eine schrecklich beschämende Erfahrung
war. Meine Tante sah zu, wie ich aus Stoffresten eine
Puppe für mich nähte, und ihr wurde klar, dass ich
einen wichtigen Teil meiner Kindheit verpasst hatte.
Sie kaufte mir Puppenkleider zum Ausschneiden, die
ich dann meinem neuen Spielzeug anziehen konnte.
Bald zogen wir in das Haus einer anderen Tante im New
Yorker Stadtteil Brooklyn, wo mein Vater mich in einer
privaten polnischen katholischen Schule einschrieb.
Obwohl es dort keine anderen Immigranten gab und wir
immer noch nicht so gut Englisch sprachen, behandelten
uns die Nonnen und die anderen Schüler gut.

Von links: Irena, Krystyna, Vater, Czeslaw und
Bożenna / Das erste Familienfoto in Brooklyn, 1947

Schwester Boniface im Hintergrund
Von vorne links: Irena, Czeslaw, Krystyna und
Bożenna / In der polnischen katholischen Schule in
Brooklyn, 1947

Mein Vater fand eine Anstellung in einer Textilfabrik, wo
auch seine Brüder arbeiteten, und er konnte schließlich
ein Haus in Brooklyn kaufen.

Nach großen Schwierigkeiten bei der Suche fand uns meine
Mutter irgendwann im Winter 1948/49 in Amerika. Die
kommunistische Regierung hatte ihr verboten, Polen zu
verlassen. Wir tauschten regelmäßig Briefe und Bilder aus.
Als ich in die Hochschule kam, belegte ich die Fächer
Schneiderei und Modedesign. Bis zu meiner Pensionierung
hatte ich in diesem Beruf ein gutes Auskommen.

Amerikanische Studenten und Lehrer kümmerten sich gut
um uns Polen und um die Juden, die nach dem Krieg in die
USA kamen. Niemand machte sich mehr über uns lustig.
Die Jahre vergingen. Ich heiratete einen Mann irischer
Herkunft, Richard V. Gilbride. Meine jüngere Schwester
Irena heiratete ein halbes Jahr später.

Im August 1957, als ich bereits verheiratet war und mein erstes Kind erwartete, kam meine Mutter nach Amerika. Sie erlebte die Geburt ihres ersten Enkels, die Heirat meines Bruders und den Eintritt meiner Schwester Krystyna ins Kloster. Meine vier Kinder machten meine Mutter sehr glücklich, doch das Leben im Allgemeinen in Amerika war schwer für sie. Sie hatte ihre vier „Kinder" alle erwachsen vorgefunden, sie sprachen eine Sprache, die sie nicht verstand, und sie

Mutter in Polen, 1946
An ihrem Kleid ihre Nummer aus dem Konzentrationslager mit dem Buchstaben P (Polen) darunter.
- -

lebten ein Leben, das ihr fremd war. Jeden Tag kämpfte sie damit, sich anzupassen.

Ich stellte meiner Mutter viele Fragen über die verlorenen Jahre und schrieb alles in ein Notizbuch. Doch sie wollte nicht über die Qualen in den Konzentrationslagern Ravensbrück und Groß-Rosen sprechen. Mir schien es, als schämte sie sich, über ihre Zeit als Gefangene zu sprechen. Sie starb im Schlaf, bevor sie mir diese Geschichte erzählen konnte. Doch ich wusste bereits genug. Mein Vater redete nicht über den Holocaust. Doch wir alle hörten, wenn er im Schlaf, geplagt von Albträumen, um Gnade schrie, aber er weigerte sich standhaft, darüber zu sprechen.

Inzwischen sind unsere Kinder erwachsen und verheiratet und ich bin die stolze Großmutter von drei Söhnen. Das Leben in Amerika hat es gut mit uns gemeint.

Niemand kennt ...

Den Hunger Tag für Tag
Er treibt mich zum Müll, hier mag
Ich ein paar Apfelschalen finden, ich wag´s.

Ich warte auf die Dämmerung
Hab Angst, dass sie mich entdecken; dann
Werde ich heute nichts essen.

Mein Magen schmerzt,
Was soll ich tun?
Ich wage, ich riskiere es.
Es ist alles egal.
Bin heute hungrig und
Ich muss heute essen.

Das Morgen ist weit.
Nur dieser Tag zählt.
Heute muss ich essen.
Keinen Augenblick verschwenden,
Der Hunger ist ein guter Bekannter,
Wir kennen uns wie Bruder und Schwester,
Er ist mir wie ein naher Verwandter.

Mag kommen, was will, Ende und Schluss.

Ich muss essen heute, ich muss.

Bożenna Urbanowicz Gilbride

Zuhause

Ich wurde am 31. Dezember 1934 als Tochter von Bert-
hold und Regina Auerbacher in Kippenheim geboren.
Kippenheim ist ein verschlafenes Dorf im Südwesten
Deutschlands, am Fuße des Schwarzwalds, nahe der
Grenze zu Frankreich und der Schweiz. Man muss schon
sehr genau auf die Landkarte schauen, um Kippenheim
zu finden.
Die Häuser des Dorfes standen fast Wand an Wand.
Entlang unserer Straße schlängelte sich ein kleiner
Bach. Unser Haus war sehr groß und hatte 17 Zimmer.
Mehrere Generationen der Familie meines Vaters wur-
den hier geboren.
Zu den etwa 2000 Einwohnern gehörten ungefähr 450
katholische und protestantische Familien und 60 jüdi-
schen Familien, die alle in Frieden zusammenlebten. Seit
mindestens 200 Jahren wohnten Juden in Kippenheim.
Ich war ein Einzelkind und zugleich das letzte jüdische
Kind, das in dem Dorf geboren wurde.
Mein Vater entschied, dass ich – wie einige seiner Ge-
schwister – zu Hause zur Welt kommen sollte und nicht
in einem Krankenhaus. Da Kippenheim selbst kein
Krankenhaus hatte, nur einen Arzt, bestellten meine
Eltern eine Hebamme. Allerdings stellte sich bald her-
aus, dass es Probleme bei der Schwangerschaft meiner
Mutter gab, sodass Dr. Weber – der einzige Arzt in

Kippenheim – gerufen wurde. Dr. Weber kam immer an das Bett meiner Mutter, manchmal trug er dabei eine Naziuniform. Das nationalistische Fieber der frühen dreißiger Jahre hatte sogar Kippenheim erfasst. Nachdem am 30. Januar 1933 Adolf Hitler als neuer Reichskanzler an die Macht gekommen war, änderte sich das Leben dramatisch, vor allem für die jüdische Bevölkerung. Trotz der Mitgliedschaft in der NSDAP kümmerte sich Dr. Weber jedoch sehr gut um seine jüdischen Patienten.

Hitlers Hasstiraden gegen die Juden fielen zwar auf fruchtbaren Boden, doch viele jüdische Familien – einschließlich meiner – gaben nicht viel auf die Ausfälle des neuen Kanzlers. Papa lehnte Hitlers Reden mit den Worten ab: „Ich habe im Ersten Weltkrieg gekämpft und wurde verwundet. Ich habe das Eiserne Kreuz bekommen und bin ein echter deutscher Patriot." Papa war für immer durch die Narben gezeichnet, die ein Granatsplitter in seiner rechten Schulter hinterlassen hatte. Wegen seiner Wunden aus dem Ersten Weltkrieg konnte er seinen Arm nicht mehr richtig heben.

Mama und ihr Bruder wurden in Jebenhausen geboren, ein Dorf, das noch kleiner war als Kippenheim, ungefähr 320 Kilometer von uns entfernt. Mamas Vater war Viehhändler, Papas Vater ebenfalls. Er verkaufte auch noch Häute und Felle. In Süddeutschland übten viele Juden diesen Beruf aus. Papa hatte vier Schwestern und einen Bruder, der bereits tot war. Seine Eltern waren noch vor der Heirat mit Mama verstorben.

Papa war Textilkaufmann und wollte das Geschäft seines Vaters nicht weiterführen. Er arbeitete lieber mit sauberen Händen anstatt mit Bergen von stinkenden, gepökelten Rinderhäuten. Im Allgemeinen hatten die Juden entweder kleine Läden oder waren im Viehgewerbe tätig. Viele der Christen in Kippenheim waren Bauern.

Juden und Christen lebten bei uns Seite an Seite und hatten gute Beziehungen zueinander. Nur selten zeigten antijüdische Ressentiments ihr hässliches Gesicht. Die Christen gingen sonntags in die Kirche, während die Juden den Schabat am Samstag feierten. Aber solche Unterschiede führten nicht zu Streit zwischen den Gruppen, sondern sie waren Teil des bunten Mosaiks unseres Dorfes.

Im Großen und Ganzen blieb die jüdische Gemeinde unter sich, zum Teil wegen der unterschiedlichen Berufe und Lebensweisen, zum Teil, weil sie es so wollten. Alle jedoch fühlten einander verbunden durch ihren Patriotismus und ihre Leidenschaft für Deutschland. Die meisten Deutschen hatten zusammen in den Kriegen gekämpft, hatten ihr Land verteidigt, waren für ihr Land gestorben, Juden wie Nicht-Juden.

Meine Eltern gehörten zur Mittelklasse. Wir hatten eine Hausangestellte, die bei uns schlief, und manchmal kam jemand, der unser großes Haus putzte. Papa besaß ein glänzendes, großes schwarzes Auto, in dem ich sehr gern mitfuhr. Er war einer der wenigen im Dorf, der über einen solchen Luxus verfügte. Wenn möglich, half Mama im Geschäft meines Vaters, vor allem in der Buchhaltung. Papas Einzugsgebiet umfasste die Gasthöfe im Schwarzwald und die Haushalte in den Nachbardörfern. Seine Betttücher, Kissenbezüge und Handtücher füllten so manche Aussteuerkiste künftiger Bräute.

Der Mittelpunkt des jüdischen Lebens war die Synagoge. Die meisten Juden aus Kippenheim gingen am Samstagmorgen zum Schabbattgottesdienst und an den Feiertagen in die Synagoge. In einer so kleinen Gemeinde war es schwer, irgendetwas geheim zu halten. Die jüdische Bevölkerung war eng miteinander verbunden, jeder kannte die Familiengeschichte des anderen, meist bis in die kleinsten Einzelheiten. Es konnte keine Geheimnisse geben, alles war öffentlich.

Als jüngstes Mitglied unserer Gemeinde hatte ich es gut und nutzte dies zu meinem Vorteil. Ich konnte mir fast

Mein Heimatort, Kippenheim

Unser Haus in Kippenheim (zweites von links)

alles erlauben. Obwohl die jüdische Orthodoxie zum Beispiel die Geschlechtertrennung vorschreibt, verschwand ich oft von der Seite meiner Mutter auf der Empore und schlich mich hinunter in den Hauptbereich der Synagoge, wo ich neben meinem Vater bei den Männern saß.

Dort versuchte Max, ein entfernter Verwandter, mich manchmal dazu zu bringen, den Gottesdienst zu stören. Er zeigte auf die hellen Leuchter, die über unseren Köpfen wie Heiligenscheine hingen. „Siehst du die schönen Lichter?" flüsterte er mir zu, in der Hoffnung ich würde antworten. Zu seiner Freude wiederholte ich oft laut seine Worte. Und natürlich störte mein Geschnatter die Ruhe des Gebets. Damals war ich ungefähr drei Jahre alt und die Gemeindemitglieder drehten sich sofort zu mir um: „Pssst! Leise! Sei respektvoll!"

Ich schämte mich so sehr, dass ich anfing, zu weinen. Laut schluchzend flüchtete ich mich in die Arme meines Vaters, vergrub mich in seinem Schoß und wollte am liebsten unsichtbar sein. Papa warf Max einen seiner drohenden Blicke zu und sagte ihm, er solle den Unfug lassen: „Lass das Kind in Ruhe. Hast du nichts Besseres zu tun? Bete weiter!"

Während der Feiertage herrschte immer festliche Stimmung bei uns. Alle kamen in ihren besten Kleidern, und für besondere Anlässe wie Rosch Haschanah, das jüdische Neujahrsfest, wurden sogar neue Sachen gekauft. Ich erinnere mich an mein Schabbatkleid aus weinrotem Samt mit einem weißen Kragen, das nur für mich geschneidert wurde. Außerdem hatte ich noch einen weißen Hut, der meine dicken und lockigen dunkelbraunen Haare bedeckte. Ich fühlte mich wie eine Prinzessin in diesem Kleid.

Mama sorgte dafür, dass ich mit einer gehörigen Portion

Inge im Sandkasten, 1937

Inge in ihrem Feiertagskleid, 1937

Inge im Dirndl, 1938

Inge vorn, die Großeltern in der Mitte und die
Eltern dahinter / Kippenheim, 1938

Religion aufwuchs. Jeden Abend saß sie neben meinem Bett und hörte mir zu, wie ich betete. Ich musste lernen, richtig auf Hebräisch zu beten und sollte meine eigenen Wünsche und besonderen Nachrichten an Gott auf Deutsch hinzufügen.

Es war üblich, sich nach dem Gottesdienst gegenseitig zu besuchen und Fremde in sein Haus einzuladen. Ich erinnere mich noch besonders an die Besuche von Herrn Nissensohn, einem armen Juden aus Polen. Er verkaufte Knöpfe und Fäden an die Bevölkerung von Kippenheim, meistens an die Juden, die bei ihm eher aus Mitleid als aus Notwendigkeit kauften. Das Essen bei uns war vermutlich die einzige ordentliche Mahlzeit, die er in der ganzen Woche bekam. Normalerweise gab es Hühnernudelsuppe, Rindersuppenfleisch, Kartoffeln und grünen Salat. Herr Nissensohn aß dankbar und mit großem Appetit.

In Kippenheim hatte ich nur jüdische Freunde. Es waren meistens ältere Jungs, aber oft musste ich allein spielen. Auch meine Mutter verbrachte viel Zeit mit mir. Am liebsten spielte ich im Hof. Papa hatte in einer Ecke einen kleinen Sandkasten gebaut. Ich füllte Eimer mit Sand und tat so, als würde ich die leckersten Torten der Welt backen, genau wie Mama jeden Freitag für das Schabbat-Essen. Leider fand eines Tages eine Katze ihren Weg an meinen Lieblingsort und verschmutzte mein kleines Reich. Immer wenn das passierte, schrie ich vor Wut: „Mama, Mama, die böse Katze hat es schon wieder gemacht!" Mama kam, um mich zu retten und entfernte die Angelegenheit. Ab und zu sah ich den Schwanz des Täters oder der Täterin, wie er aus dem Hof flüchtete und bewachte meinen Sand, so gut ich konnte.

Der Puppenwagen mit meiner Puppe Marlene stand immer neben mir. Wie eine Prinzessin saß Marlene auf ihrem Thron und überwachte jeden meiner Schritte. Die Puppe war ein Geschenk meiner Großmutter zu meinem zweiten Geburtstag. Wahrscheinlich fühlte Marlene sich einsam, denn ich schenkte ihr in dieser Zeit nicht viel Aufmerksamkeit, weil ich viel zu sehr mit meinen „Torten" beschäftigt war.

Viel später entdeckte ich, dass meine Puppe nachgemacht wurde, vor allem für die Olympischen Spiele 1936 in Berlin, die unter den Augen Adolf Hitlers stattfanden. „Marlene" hatte eine spezielle Frisur, die man die „Olympia-Rolle" nannte, dazu blaue Augen und blondes Haar, um das Ideal der arischen Rasse darzustellen. Die Puppenfabrik nannte das Modell „Inge", was damals ein sehr populärer Name war. Davon wusste ich nichts, als ich meiner Puppe den Namen des berühmten Filmstars Marlene Dietrich gab, die auch blaue Augen und blondes Haar hatte.

Am Vorabend der Katastrophe

1938 änderte sich die Situation der Juden dramatisch. Deutschland war im Ersten Weltkrieg besiegt und gedemütigt worden. Eine Krise im Geiste und in der Wirtschaft hatte das Land erfasst. Adolf Hitler nutzte die Gelegenheit und versprach Deutschland das scheinbar Unmögliche: es wieder zu alter Größe zu bringen und all seine Probleme zu lösen. Die Deutschen warfen sich dem gescheiterten Künstler aus Österreich begeistert in die Arme. Seine Tiraden gegen die Juden störten die meisten nicht; man akzeptierte die Juden gern als Sündenböcke für alle Probleme.

Pompöse Versammlungen in Bierhallen und großen Arenen begeisterten die Menschen. Es war, als stünde Deutschland in Flammen, entzündet vom Hass gegen alle Feinde der neuen nationalsozialistischen Partei, vor allem aber gegen die Juden. Begeistert sang man bei den regelmäßigen Aufmärschen ein Lied mit dem Text „Wenn's Judenblut vom Messer spritzt, dann geht's nochmal so gut" und schwang die neue Hakenkreuzfahne, die inzwischen an vielen Fahnenstangen und Häusern hing. Täglich wurden die antijüdischen Stimmen lauter, und bald erklangen sie in fiebriger Ekstase. Jetzt mussten alle zuhören und sie endlich ernst nehmen. Der Hass war überall. Juden mussten voller Angst zusehen, wie ihre Nachbarn den Arm zum Hitlergruß hoben.

In der Synagoge ging am Schabbat das Gerücht herum, dass einige jüdische Familien Kippenheim verlassen wollen, um eine sichere Zukunft zu haben. Wie jeder andere hörte mein Papa die Schreie und Warnungen, doch er nahm sie immer noch nicht ernst. Wir lebten in der Nähe der französischen und schweizerischen

Grenze, und Papa sagte „Wenn es zu heiß wird, können wir immer noch über die Grenze flüchten. Wir müssen uns noch keine Sorgen machen."

Doch bald sollten seine Worte bedeutungslos werden. Selbst das schläfrige Dorf Kippenheim wurde von dem wilden Sturm erfasst.

„Kristallnacht"

Meine Kindheit wurde am 10. November 1938 brutal unterbrochen. Die Sturmwolken, die über den Juden schwebten, entluden sich in einem Gewitter der Rache. Es war ein kalter Novembermorgen, knapp zwei Monate vor meinem vierten Geburtstag. Die „Kristallnacht" begann am 9. November 1938 in Deutschland, Österreich und dem Sudentenland. Sie dauerte zwei schreckliche Tage.

Fast alle jüdischen Synagogen und Gebetshäuser wurden beschädigt und, wo möglich, niedergebrannt. Jüdische Haushalte und Geschäfte wurden geplündert und zerstört. Überall lag zersplittertes Glas.

Viele jüdische Männer wurden verhaftet und ins Konzentrationslager geschickt. Wer Widerstand leistete, wurde verprügelt oder erschossen.

Meine Großeltern waren bei uns in Kippenheim zu Besuch und gerieten so in den Sog des unvergesslichen Terrors. Großvater war für ein frühmorgendliches Gebet in die Synagoge gegangen. Er hatte keine Ahnung, dass er an diesem Tag verhaftet und ins Konzentrationslager Dachau geschickt werden würde – nur, weil er Jude war. Nicht einmal die Synagoge konnte den Gläubigen Si-

Unsere Synagoge in Kippenheim, 1938

cherheit bieten. Ins Gebet vertiefte Männer fühlten sich
sicher in der Umarmung ihrer traditionellen Gebets-
schals. Es war, als würden die Arme des Allmächtigen
sie umfassen und vor Schaden bewahren. Doch dieses
Mal war es anders. Es gab keinen Schutz, nirgends.
Papa wurde abrupt von einem lauten Klopfen an der Tür
geweckt. Es war die Polizei, die ihn verhaften wollte. Man
sagte ihm, dass er sich im Hof des Rathauses melden
solle, wo er mit den anderen jüdischen Männern aus
Kippenheim zusammentraf. Nicht einmal 16-jährige
Jungs wurden verschont.
Einige der heiligen Tora-Rollen, handgeschrieben auf
Pergament, wurde aus der Synagoge gestohlen und

entweiht – ohne jeden Respekt für die Religion. Einzig Frauen und Kinder durften im Dorf bleiben. Obwohl die Synagoge angezündet wurde, löschte man die Flammen schnell, aus Angst, die benachbarten Häuser der Christen könnten ebenfalls beschädigt werden. Trotzdem wurde das gesamte Innere des Gebäudes zerstört und die heilige Stätte entweiht. Die Tafel mit den zehn Geboten wurde abgerissen und auf den Boden geworfen. Es war wie ein Zeichen, dass in diesem Moment die Gesetze des Anstands und der Humanität gestorben waren.

Fast ganz Europa sollte nun in die Finsternis einer langen Nacht gehüllt werden.

Ich erinnere mich, wie ich mit Mama und Großmutter im Wohnzimmer, stand und Mama meine Hand fest hielt. Unser Hausmädchen Liesa hatte uns vor kurzem verlassen, weil sie es für zu gefährlich hielt, weiter in einem jüdischen Haushalt zu arbeiten.

Wir klammerten uns aneinander, während Steine durch unsere Fenster flogen und eins nach dem anderen zersprang. Glassplitter klirrten um uns herum und bedeckten den Fußboden mit glitzernden, zackigen Kristallen. Wir hörten den Klang des zerbrechenden Glases durch alle 17 Zimmer unseres Hauses. Einer der Angreifer schaute durch ein zerbrochenes Fenster und bemerkte den Kronleuchter, der von der Decke hing. Wir hörten einen markerschütternden Schrei von der Straße. „Schnell, lasst uns das hier kaputt machen." Ein Ziegelstein traf das Ziel und verfehlte mich nur knapp. Mama zog mich aus der Gefahrenzone. Wir rannten durch das Haus und flohen in einen Schuppen im Hof. Dort blieben wir, in absoluter Stille, kaum atmend, zusammengekauert vor Angst. Wir beteten, dass der Mob das Haus nicht stürmt und uns findet.

Die Angreifer schlugen weiter an das Tor zu unserem Hof, wo Papa sein großes schwarzes Auto parkte. Wir blieben im Schuppen, klammerten uns verzweifelt und verängstigt aneinander. Glücklicherweise gelang es ihnen nicht, die Tür aufzubrechen und uns in die Finger zu kriegen, obwohl ich mir sicher war, dass sie das laute Hämmern meines Herzens hörten.

Irgendwann hörten die Unruhen auf. Die Raserei verlor sich in der Stille der Nacht. Wir verharrten bewegungslos und hofften, dass die Angreifer uns keine Falle stellen und warten würden, bis sie unser Versteck fänden.

Die Zeit verging, doch wir hörten keine Schreie und Schläge an die Tür mehr. Mama entschied, dass wir den Schuppen verlassen sollten. Noch einmal rannten wir leise, diesmal zum Haus unserer jüdischen Nachbarn, wo wir die Nacht verbrachten. Auch ihre Fenster waren eingeworfen und die Männer des Hauses verhaftet worden.

Der Innenraum unserer Synagoge

Die Synagoge nach ihrer Zerstörung, 1938

Schließlich wurden die Fenster wieder repariert, damit sie uns vor dem kalten Novemberwind schützen konnten. Wir mussten persönlich für den Schaden haften und von unserem immer schneller schwindenden Geld auch noch für die Reparatur der Fenster zahlen.

Die gesamte jüdische Gemeinde war wie erstarrt. Die hasserfüllten Worte, die wir im Radio hörten, waren Realität geworden. Wie durch ein Wunder wurden Papa und Großvater ein paar Wochen später aus dem Konzentrationslager Dachau entlassen. Sie waren beide schrecklich behandelt worden. Sie erzählten von den Demütigungen, wie man sie stundenlang in der bitteren Kälte auf dem Hof stehen ließ, mit nichts weiter bekleidet als ihren blau-weiß gestreiften Uniformen. Wenn ein Gefangener sich nur die Nase putzen wollte, wurde er mit einem eiskalten Wasserstrahl abgeduscht. Auch meinem Vater war das einige Male passiert.

Sie waren alle in überfüllten Holzbaracken untergebracht und bekamen winzige Essensrationen. Selbst die Tatsache, dass Papa im Ersten Weltkrieg gekämpft und das Eiserne Kreuz für seinen Dienst und seine Verletzungen erhalten hatte, machte für die Wachen keinen Unterschied. Für Papa und meinen Großvater war es eine schmerzhafte Erfahrung, wie Juden in der „Neuen Ordnung" behandelt wurden.

Auf der Flucht

Unser Leben änderte sich dramatisch, als Papa aus Dachau zurückkehrte. Wir waren endlich aus unserem Schlummer aufgewacht. Es war Zeit, Deutschland zu verlassen. Doch Papa hatte zu lange gewartet, und die Tore in die Freiheit waren fast alle verschlossen.

Anfang 1939 packten wir die meisten unserer persönlichen Dinge zusammen, verkauften unser Haus und die Möbel zu einem niedrigen Preis und zogen in das Haus meiner Großeltern in Jebenhausen. Wir hofften immer noch, Deutschland verlassen zu können, und wollten deswegen nur kurze Zeit in Jebenhausen bleiben.

Meine Großeltern waren die letzte jüdische Familie, die noch in Jebenhausen lebte, obwohl die Bevölkerung des kleinen Dorfes vor den späten 1850-er Jahren fast zur Hälfte jüdisch gewesen war. Einige waren nach Amerika ausgewandert, andere in eine größere Stadt in der Nähe gezogen.

Früher hatte ich meine Großeltern in Jebenhausen oft besucht. Deshalb hatte ich viele Freunde dort. Einige meiner schönsten Kindheitserinnerungen sind mit der Zeit in Jebenhausen verbunden. Ich habe nie einen Unterschied zwischen mir und meinen christlichen

Freunden in Jebenhausen gespürt. Obwohl nach dem Novemberpogrom antijüdische Stimmungen stärker wurden, war der Großteil der Bevölkerung in Jebenhausen nicht vom Virus dieses Hasses infiziert. Wir Kinder blieben Freunde und spielten weiter miteinander.

Ich war es, die meine Freunde anführte, wenn wir auf der hügligen Straße vor dem Haus meiner Großeltern auf und ab marschierten und populäre Lieder sangen, die oft auch nationalsozialistische Inhalte hatten. Es war ihr Rhythmus, der sie attraktiv machte, und sie wurden ja überall gesungen. Warum nicht auch von uns?

Ich erinnere mich daran, wie ich einmal in Großvaters Stall ging, der damals üblicherweise Teil des Hauses war, und unter den Wohn- und Schlafzimmern lag. Es gab separate Eingänge für den Wohnbereich und den Stall. Wenn ich Glück hatte, ließ mich Großvater auf einer seiner zahmen Kühe reiten. Am Abend half ich Großmutter, die Hühner wieder in den Stall zu jagen. Eins von ihnen landete auf dem Tisch bei unserem Schabbatessen. Großmutter hatte einen kleinen Gemüsegarten in einer Gasse in der Nähe des Hauses. Sie baute Salat, Petersilie und Schnittlauch an. Für mehr reichte der Platz nicht. Aber der Garten sorgte dafür, dass Salate und Suppen sehr gut schmeckten, weil das Gemüse frisch war. Das Leben war unbeschwert und angenehm.

Ich liebte es, barfuß mit meinen Freunden über die Wiesen zu laufen. Meine Großeltern besaßen Land und Obstgärten. Es war eine große Freude, in die knackigen Äpfel zu beißen, die wir von den Bäumen geschüttelt hatten. Großmutter konnte wunderbar kochen und backen. Ihre Kuchen und Torten waren immer der Höhepunkt des Essens am Schabbat und an den anderen Feiertagen. Ich war das einzige Enkelkind meiner Großeltern und wurde sehr verwöhnt. Meine Eltern waren recht streng, aber in den Augen meiner Großeltern konnte ich nichts falsch machen. Das war natürlich auch ein Grund, warum ich das Leben bei ihnen so schön fand.

Veränderungen

Seit 25 Jahren war Therese, das Hausmädchen meiner Großeltern, bei ihnen angestellt. Doch da Mama nun bei der Hausarbeit helfen konnte, wurde Thereses Hilfe nicht länger benötigt. Auch wenn es nicht klug von Therese war, weiter bei Juden zu arbeiten, blieb sie mit uns befreundet und half uns am Ende in vielerlei Hinsicht. Papa wurde von den Nazis gezwungen, sein Geschäft zu verkaufen, und auch Großvater musste seine letzten Kühe verkauften. Wir lebten von unseren Ersparnissen, und unser Geld schwand schnell dahin. Auf einmal veränderte sich unser Lebensstandard drastisch, weil wir ja keine Einkünfte mehr hatten. Wir kauften nur das Nötigste, um zu überleben. Großvaters Wunsch, in seinem Haus zu sterben, ging bald in Erfüllung. Er wollte seinen geliebten Heimatort Jebenhausen niemals verlassen. Sein chronisch krankes Herz war während der Inhaftierung in Dachau noch schwächer geworden. Er entschlief friedlich im Mai 1939 in den Armen meiner Eltern. Das war für uns alle ein großer Schock. Ich vermisste Großvaters Freundschaft und seine liebevollen Umarmungen. In unseren Herzen blieb eine tiefe Wunde. Das Leben für die Juden wurde immer schwieriger. Auch Jebenhausen blieb von den antijüdischen Gesetzen nicht verschont. Jeden Tag wurden neue Maßnahmen angeordnet. An unsere Hoffnung, Deutschland verlassen zu können, erinnerten wir uns kaum noch.

Die Juden wurden gezwungen, all ihr Gold und Silber abzugeben. Sie mussten „Israel" oder „Sara" als Zweitname annehmen, damit sie als Juden identifiziert werden konnten. Ich hieß demnach Inge Sara Auerbacher.

Einige Bewohner von Jebenhausen blieben mit uns befreundet, obwohl es Christen verboten war, mit Juden zu verkehren. Wir durften nicht länger in bestimmten Läden einkaufen. Im Schutze der Nacht kamen ein paar Bauern und brachten uns etwas Essen, das wir dringend benötigten. Therese versteckte nachts Lebensmittel hinter Großvaters Grabstein, das wir dann am Morgen abholten. Sie konnte ein paar unserer Besitztümer sogar bis nach dem Krieg aufbewahren, einschließlich zweier Fotoalben und einige unserer Gebetsbücher.

Indem sie uns halfen, riskierten diese Menschen ihr Leben. Ihr Mut war grenzenlos, und sie bleiben in meinen Augen Helden für immer.

Jeder Bereich des Lebens änderte sich für die Juden; sie durften praktisch nicht einmal mehr atmen. Das Ziel der Nazis war unsere absolute Degradierung. Die Kinder mussten in Schulen gehen, die eigens für Juden eingerichtet wurden. Um die Demütigung noch zu steigern, mussten alle ab Ende 1941 den gelben Davidsstern mit dem Wort „Jude" in einer dem Hebräischen ähnlichen Schrift auf der linke Seite, genau über ihrem Herzen, tragen. Nicht einmal die Kinder wurden von dieser Maßnahme verschont.

Ich brauchte eine besondere „Reiseerlaubnis", um die einzige jüdische Schule in der Gegend zu besuchen, die sich in Stuttgart befand. Juden durften sich nicht mehr ohne Erlaubnis aus ihrem Wohnort entfernen. Ich

musste drei Kilometer nach Göppingen laufen, eine größere Stadt unweit von Jebenhausen, und dann nochmal
eine Stunde mit dem Zug fahren, um zum Unterricht
in Stuttgart zu gelangen – ganz allein.

Für mich als sechsjähriges Mädchen war es gefährlich,
allein zu reisen. Oft wurde ich von anderen Kinder um
mich herum geärgert und verspottet. „Du dreckiger
Jude!" riefen sie. Obwohl es streng verboten war, den
sogenannten „Schandfleck" zu verbergen, riet Papa mir,
mich an das linke Fenster zu setzen, damit man meinen
gelben Stern nicht sieht.

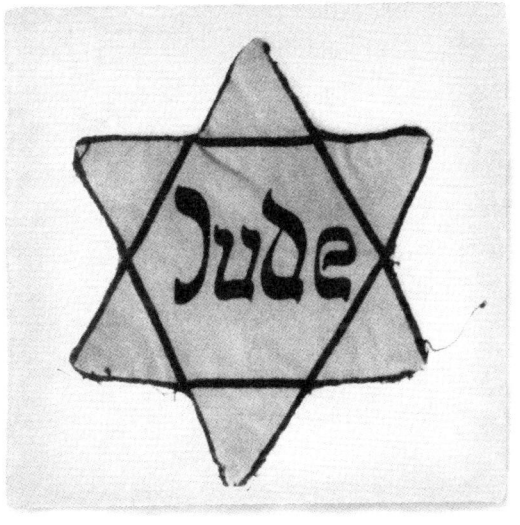

Der gelbe Davidsstern mit dem Wort „Jude"

Ich erinnere mich nur an eine Geste der Menschlichkeit:
Eine nicht-jüdische Frau ließ im Zug neben mir eine Tüte
mit Brötchen liegen. Wahrscheinlich tat ihr das kleine
jüdische Kind leid, das da allein reisen musste. Auch
diese Fremde war für mich eine Heldin, denn schon der

Umgang mit Juden konnte zu schweren Strafen bis hin zum Todesurteil führen.

Eines Morgens bemerkte ich eine Gruppe schlecht gekleideter Männer im Zug, die von einem deutschen Soldaten bewacht wurden. Wahrscheinlich waren es Zwangsarbeiter aus anderen Ländern. Ich war neugierig und versuchte, ihren Unterhaltungen zuzuhören. Doch sie sprachen nicht Deutsch, sodass ich nichts verstand. Die Wache öffnete eine Dose mit Essen und gab sie einem der Männer. Er nahm einen Löffel und begann hastig daraus zu essen. Die Dose machte die Runde bei den anderen Gefangenen. Jeder nahm seinen Löffel und aß seinen Teil. Sie alle sahen sehr dünn und hungrig aus. Sie taten mir leid, und ich fragte mich, wo sie wohl hingebracht werden und welche Arbeit sie machen müssen. Ich hatte solche Gefangenen schon einmal in Göppingen gesehen. Meine Eltern hatten mir erzählt, dass sie aus Polen kamen. Ich hatte keine Ahnung, wo sich dieses Land befand, auch die Sprache klang merkwürdig. Es klang überhaupt nicht wie das Deutsche.

1941

Keiner unserer Verwandten, die in anderen Ländern lebten, konnte uns helfen, Deutschland zu verlassen. All ihre Bemühungen scheiterten: Wir hatten zu lange gewartet, um die Gefahr richtig einzuschätzen und dementsprechend zu handeln. Unser Schicksal war besiegelt. Eine Flucht war nicht mehr möglich.

Die „Endlösung", der Plan der Nazis zur Vernichtung der Juden in Europa, begann 1941 mit den ersten Deportationen „nach dem Osten".

Eines Tages, Anfang Dezember 1941, erhielten meine Großmutter, meine Eltern und ich unseren Befehl zum Transport. Papa hatte Angst vor der Reise ins Unbekannte. Würde diese Umsiedlung „nach dem Osten" an einen Ort wie Dachau führen?

Mama und Papa schrieben einen Brief an die Gestapo und baten darum, uns zu verschonen, wegen Papas Verletzungen aus dem Ersten Weltkrieg im Kampf für

Inge mit ihrer Mutter, 1941

- -

Deutschland. Für uns war die Bitte erfolgreich, aber meiner Großmutter konnten wir nicht helfen. Niemals werde ich unseren tränenreichen Abschied vergessen, als wir Großmutter die Stufen im Stuttgarter Bahnhof hinuntergehen sahen. Ich wünschte mir, dass die Zeit stehenbliebe, damit ich ihr Bild so lange wie möglich festhalten kann. Doch auf einmal waren die Stufen leer.

Wie erstarrt stand ich da. Wir wussten damals nicht, dass Großmutter und viele meiner Klassenkameraden nach Riga in Lettland deportiert werden sollten. Die Einsatzgruppen der Nazis erschossen fast alle kurz nach der Ankunft in einem nahegelegenen Wald. Ich erinnere mich daran, dass ich mich, nachdem Großmutter deportiert worden war, jede Nacht in den Schlaf weinte. Ich steckte meinen Kopf unter die Daunendecke und hoffte, dass die Eltern mein Schluchzen nicht hören. Jede Nacht betete ich für die sichere Rückkehr meiner Großmutter, aber meine Gebete wurden nicht erhört.

Kurz nach der Deportation meiner Großmutter mussten wir ihr Haus verlassen, ohne dass wir einen finanziellen Ausgleich erhielten. Das Haus gehörte jetzt dem deutschen Staat.

Man brachte uns in eines der „jüdischen" Häuser in Göppingen. Meine Eltern mussten für sehr wenig Geld in einer Korsettfabrik arbeiten. Die jüdische Schule in Stuttgart wurde geschlossen, bevor ich die erste Klasse beendet hatte.

Oft weckte uns in der Nacht der Fliegeralarm. Ich war wie gelähmt, wenn ich diesen kreischenden Ton hörte. Manchmal sah ich einen roten Schein am Horizont – von den Bomben, die die Alliierten auf deutsche Ziele regnen ließen. Nicht immer flüchteten wir in den Keller, der uns als Schutzraum vor den Bombenangriffen diente.

Deportation

In den folgenden Monaten wurden immer mehr Juden „nach dem Osten" deportiert. Niemand von uns wusste, dass „der Osten" einem Todesurteil gleichkam. Doch wir waren ängstlich und verzweifelt, wenn wir dieses Wort hörten. Wir wussten, dass es für die Juden Unheil bedeutete. Unsere Stunde schlug am 22. August 1942, als wir den Befehl zur „Umsiedlung" bekamen. Ich war nun Nummer XIII-1-408, die jüngste in einem Transport von beinahe 1100 Menschen. Ich war erst sieben Jahre alt, und ich war heimatlos.

Wir konnten die Deportation nun nicht mehr abwenden. Der Befehl enthielt viele Anweisungen, denen man strikt folgen musste. Alles Geld wurde uns abgenommen, und man sagte uns, welche Dinge wir mitnehmen durften: keine Messer oder andere scharfe Gegenstände, dafür Metallgeschirr und Löffel.

Die Sammelstelle für die Deportation in Stuttgart

Die Polizei kam zu uns nach Haus und Mama musste den Wohnungsschlüssel auf den Esstisch legen. Dann sagte der Polizeibeamte in abfälligem Ton: „Jetzt könnt ihr gehen!"

Wir mussten uns in einer Turnhalle in Göppingen einfinden, wo man uns und unsere Sachen durchsuchte. Ich hatte große Angst, dass man mir meine Puppe Marlene wegnehmen würde. Seit Großmutters Deportation war Marlene meine einzige Erinnerung an sie, und ich wollte die Puppe für mein Leben nicht verlieren. Zu meinem Leidwesen riss ein Beamter mir Marlene aus den Armen. Auf meinen Schrei der Verzweiflung hörte er nicht, er zog an den Gummis, die ihren Kopf und ihre Gliedmaßen zusammenhielten, schaute in ihren hohlen Körper, ob sich irgendwelche Wertgegenstände darin befanden. Ob er meine geliebte Marlene kaputt machen würde? Nach ein paar Minuten schien er zufrieden mit seiner Suche zu sein und gab mir meine wertvolle Puppe zurück. Ich schwor mir, Marlene niemals wieder so schlecht behandeln zu lassen. Doch mein Glück fand ein Ende, als der Beamte begann, sich für den hölzernen Anstecker zu interessieren, den ich an meinem Kleid trug. Er riss ihn ab und sagte „Das brauchst du dort nicht, wo du hingehst!" Vermutlich wollte er ihn einem anderen Kind geben – seiner Tochter, Nichte, Cousine.

Von Göppingen aus brachte man uns nach Stuttgart, den zentralen Sammelplatz für die zur Deportation bestimmten Juden. Wir wurden in ein großes Gebäude in einem Park namens Killesberg gebracht, der früher für Blumenschauen genutzt wurde. Juden aus ganz Württemberg brachte man in zwei großen Hallen unter. Unter ihnen waren viele alte Menschen und Kriegsveteranen mit Auszeichnungen.

BEZIRKSSTELLE WÜRTTEMBERG
der Reichsvereinigung der Juden in Deutschland

Rdschr.Nr. 107
Mx/L

Stuttgart, den 14. August 1942
Hospitalstr. 30
Fernsprecher 255 91 und
242 41

Herrn/Frau/Fräulein
Berthold Auerbacher
Göppingen, Metzgerstr. 16

und Kinder   Inge Auerbacher 408

Ihre Transportnummer: 402
Bitte genau beachten!

Anlagen:

Betrifft: Abwanderung

1.) Auf Anordnung der Geheimen Staatspolizei, Staatspolizeileit-
stelle Stuttgart, haben wir Sie davon zu verständigen, dass
Sie und Ihre obenbezeichneten Kinder zu einem Abwanderungs-
transport eingeteilt worden sind.

2.) Der Abtransport in Stuttgart findet voraussichtlich am
Samstag, den 22.August 1942 statt.
Jeder Versuch, sich der Abwanderung zu widersetzen oder sich
zu entziehen ist zwecklos und zieht schwerwiegende staatspo-
lizeiliche Massnahmen nach sich.
Körperliche und geistige Gebrechen, ganz gleich welcher Art,
können eine Befreiung von der Abwanderung nicht bewirken. Von
der Einsendung ärztlicher Zeugnisse bitten wir daher abzu-
sehen.

3.) Anzug:
Vollständige Bekleidung und gutes Schuhwerk. Statt Hüten mög-
lichst Mützen oder Kopftücher.

4.) Handgepäck:
Zugelassen ist für jeden Transportteilnehmer ein Handkoffer
o d e r ein Rucksack (also nicht beides zugleich). Ausserdem
dürfen noch zwei Wolldecken (oder eine Steppdecke) und dazu
ein Kopfkissen mitgeführt werden. Diese Gepäckstücke müssen
aber fest verschnürt werden. Umhängen oder Aufschnallen
empfiehlt sich. Das Gesamtgepäck darf keinesfalls schwerer
gehalten sein, als dass es von einer Person in normalem Kräf-
tezustand selbst getragen werden kann.

5.) Für die Reise ist Mundvorrat für 2 bis 3 Tage mitzunehmen.
Dieser ist entweder in dem zugelassenen Gepäck zu verstauen
oder in einem Brotbeutel, einer Aktentasche, einem Netz oder
einer kleinen Handtasche mitzuführen.
Koffer, Rucksäcke und Decken sind unbedingt mit der obigen
Transportnummer zu versehen. Es empfiehlt sich dringend,
ausserdem den vollen Namen beizusetzen. Soweit möglich, ist
Zeichnung mit dauerhafter Farbe vorzunehmen. sonst sind die

Der Befehl zu Deportation für die Familie Auerbacher

Wir legten uns auf den Boden und benutzen unsere
Rucksäcke als Kissen. Es gab nur ein paar Stühle für
die ganze Gruppe von über 1000 Menschen. Aus der
Gemeindeküche bekamen wir etwas zu essen. Wir waren
alle wie gelähmt. „Wo bringen sie uns hin? Was wird
da passieren?" Gerüchte machten die Runde, dass man
uns in ein Ghetto bringen würde, wo die, die dazu fähig

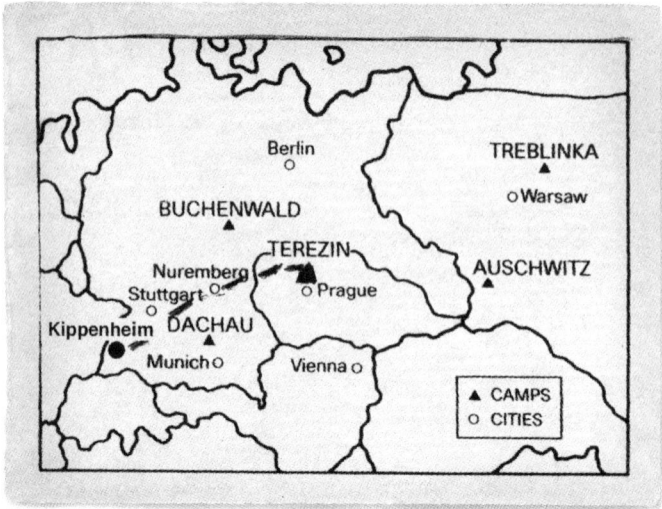

Deportation nach Terezín

---

seien, arbeiten müssten, und wo wir komfortable Quartiere hätten. Einige Menschen verloren den Verstand, man hörte ihre Schreie die ganze Nacht.

Nach zwei Tagen wurden wir mit Lastwagen zum Bahnhof in Stuttgart gebracht. Es war ein Personenzug, und wir wurden in die Waggons gepackt wie Sardinen in die Büchse. Die Türen wurden verschlossen, die SS überwachte jeden unserer Schritte. Wir hatten ein paar Lebensmittel dabei, aber das Wasser war knapp. Ich erinnere mich, dass ich einen nervösen Magen hatte, wie immer, wenn ich aufgeregt war. Ich wurde eine große Belastung für die anderen, weil sich der Geruch meines Erbrochenen in dem Waggon festsetzte.

Wir fuhren weiter in Richtung Osten. Die Landschaft veränderte sich, und ich sah fremde Schilder mit Worten, die ich nicht verstand.

Nach zwei Tagen hielt der Zug in Bohušovice, dem damaligen Bauschowitz, in der Tschechoslowakei. Wir

mussten aussteigen und alles, bis auf eine zusammen-
gerollte Decke, den Rucksack und das Metallgeschirr,
zurücklassen. Die SS-Männer schrien „Marsch, Marsch,
nicht zurückfallen!" Sie hatten Gewehre und benutzten
ihre Peitschen, um uns beisammen zu halten.
Ich hielt meine Puppe fest und zog einen kleinen Rucksack hinter mir her. Meine Eltern nahmen mich in die
Mitte, um mich vor den Peitschenhieben zu schützen.
Am Rande der Straße lagen viele alte Leute; sie konnten
das Tempo des Marsches nicht durchhalten. Nach ungefähr drei Kilometern sahen wir eine von einer Mauer
umgebene Stadt. Bald darauf hatte sie uns verschluckt.
Man brachte uns in einen unterirdischen Raum zur
Schleuse, wo wir und unsere Sachen durchsucht wurden.

Das Konzentrationslager
Terezín

Wir waren im Konzentrationslager Terezín in der Tschechoslowakei angekommen. Auf Deutsch hieß es Theresienstadt. Terezín bestand aus großen Ziegelkasernen,
unterirdischen Zellen, alten verfallenen Häusern. Von
der Außenwelt war es durch hohe Mauern, tiefe Wasser-
gräben, hölzerne Zäune und Stacheldraht getrennt. Die
Kommunikation mit der Außenwelt war streng verboten.
Terezín lag ungefähr 60 Kilometer nördlich von Prag.
Der Habsburger Kaiser Joseph II. hatte die Stadt 1780 in
Erinnerung an seine Mutter, die Kaiserin Maria Theresia,
gebaut. Ursprünglich war es eine Garnisonsstadt, die das
Militär in den 1880-er Jahren verlassen hatte und die
dann von ein paar Tausend Zivilisten besiedelt wurde.

Ende 1941 wurde Terezín evakuiert und von hochrangigen Nazis in ein Durchgangslager für deportierte Juden umgewandelt. Von Terezín aus wurden die Gefangenen in die Gaskammern von Auschwitz oder in andere Vernichtungslager gebracht, meistens im von den Nazis besetzten Polen.

Unsere Kleidung, abgesehen von dem, was wir auf dem Leib trugen, wurde bei der Ankunft konfisziert. Unsere Koffer sahen wir nie wieder. Zum Glück hatte ich immer noch meine Puppe bei mir, außerdem einen kleinen Rucksack, Metallgeschirr und einen Löffel.

Die Insassen von Terezín waren hauptsächlich aus der Tschechoslowakei, ein paar kamen aus anderen Ländern in Europa. Sie entstammten allen möglichen Schichten und Berufen. Einige waren jüdisch-christlicher Herkunft; nur zum Teil jüdischer Herkunft zu sein, reichte schon aus für einen Platz im Konzentrationslager.

Terezín war ein grausamer Ort. Unsere erste Unterkunft war das Dachgeschoss der großen Dresdner Kaserne. Wir schliefen auf dem Boden und benutzen unsere Decken und Rucksäcke als Polster. Hunderte Menschen ohne Hoffnung wandelten durch diesen dunklen, heißen Raum, oft stolperten sie über die bedeckten Körper der Toten. Einige verloren den Willen zu leben und sprangen aus dem kleinen Fenster zum Hof in den Tod.

Diese schrecklichen Bedingungen brachten das Beste und das Schlimmste in den Menschen hervor. Frau Rinder, eine Tschechin, fand mich eines Tages weinend auf dem Boden. Sie, ihr Mann und ihr junger Sohn waren aus Prag angekommen. Diese gute Frau, eine völlig Fremde, gab mir ein Stück von der Matratze ihres Sohnes und brachte mich in ein Kinderzimmer im selben Haus. Der Raum war sehr voll. Einige Kinder schliefen in

Doppelstockbetten und viele legten sich, wie ich, auf kleine Matratzen am Boden. Ich konnte mit den meisten Kindern nicht sprechen, da ich kein Tschechisch verstand. Es gab nur ein paar wenige deutsche Kinder in dem Zimmer. Einige schienen Fieber zu haben und blieben den ganzen Tag im Bett. Ich war traurig und hatte Sehnsucht nach meinen Eltern, die immer noch auf dem Dachboden der Kaserne lebten.

Nach kurzer Zeit bekam ich Scharlach und verbrachte vier Monate in einem sogenannten Krankenhaus. Farbe blätterte von den Wänden, die voller Fliegen waren. In jedem Bett lagen zwei Kinder. Bald folgten dem Scharlach Masern, Mumps und eine doppelte Mittelohrentzündung. Ich hatte eine Wurminfektion, verlor meine Stimme, und mein Körper war mit Geschwüren übersät. Mein Leben hing am seidenen Faden.

Meine Eltern durften mich während dieser Zeit nicht besuchen. Doch wie durch ein Wunder erholte ich mich kurz vor meinem achten Geburtstag. Bevor ich das Krankenhaus verließ, wurde ich in einem Eimer mit einer desinfizierenden Flüssigkeit gewaschen. Die Haare hatte man mir ganz kurz geschnitten, damit ich die Läuse loswerde. Ich war bereit, meine Eltern wiederzusehen. Alles andere war mir egal.

Die meisten Männer, Frauen und Kinder wurden in verschiedenen Quartieren untergebracht. Ich hatte das Glück, dass ich mit meinen Eltern zusammenbleiben konnte, im Quartier der Kriegsversehrten.

Das Leben war hart, merkwürdig und ohne jede Privatsphäre. Wir schliefen auf dem Boden oder – wenn man Glück hatte – auf einer mit Stroh gefüllten Matratze in einem überfüllten zwei- oder dreistöckigen Bett. Im Sommer waren die Quartiere unerträglich heiß und im

Winter schrecklich kalt. Zwei der drei Jahre in Terezín teilten wir einen kleinen Raum mit einer Familie aus Berlin.

Die Familie hatte eine Tochter, Ruth, die zwei Monate älter war als ich. Ihr Vater hinkte aufgrund einer Verletzung aus dem Ersten Weltkrieg. Ruth und ich wurden die besten Freundinnen. Sie und ihre Eltern schliefen unten im Doppelstockbett, wir schliefen oben. Ruths Vater war halb christlich, halb jüdisch, und obwohl ihre Mutter

Terezín, 1940-er Jahre

Jüdin war, wurde Ruth als gläubige Christin erzogen. In der Gefangenschaft machte das keinen Unterschied. Neben meinem Kopf bereitete ich in einem Karton ein Bett für meine Puppe. Eines Tages fand ich eine tote Maus in der Kiste. Nicht mal ein kleiner Nager fand in dieser Hölle genug Nahrung, um zu überleben.

Drei Mal am Tag standen wir mit unserem Metallgeschirr in der Schlange, um unsere Essensration in der Gemeinschaftsküche zu bekommen. Brot, Kartoffeln und Suppe waren die wichtigsten Worte unseres Vokabulars. Das Frühstück bestand aus „Kaffee", einer dunklen Flüssigkeit mit schrecklichem Geschmack. Zum Mittag gab es eine wässrige Suppe, eine Kartoffel und eine kleine Portion Rüben oder eine Soße mit ein paar Streifen Pferdefleisch. Zum Abend gab es meistens Suppe. Ich erinnere mich daran, dass Mama jeden Tag unseren Brotvorrat genau einteilte, damit wir noch genügend für den Rest der Woche haben würden.

Immer, wenn ein neuer Transport ankam, fragten wir die Leute, ob sie Zwiebeln oder Knoblauch schmuggeln konnten. Normalerweise sprach mein Vater die Neuankömmlinge an. Wenn er Glück hatte, teilte jemand eine kleine Zwiebel oder ein paar Knoblauchknollen mit ihm. Wir zerschnitten die wertvollen Häppchen dann in kleine Teile und legten sie auf ein Stück Brot. Ich erinnere mich noch an den wunderbaren Geschmack, den dieses Mahl in meinem Mund hinterließ. Ich versuchte, so lange wie möglich, dieses Aroma festzuhalten, ohne meinen Mund zu spülen. Vor allem Zwiebeln waren für uns so wertvoll wie Perlen.

Es gab ständig Epidemien, weil das Lager so überfüllt und die hygienischen Verhältnisse so schlecht waren. Einen Großteil des Wassers pumpten wir aus verschmutzten Brunnen. Es war schwer, sauber zu bleiben, da das Duschen in den Gemeinschaftsbädern rationiert war – Männer in einem Raum, Frauen und Kinder gemeinsam in demselben Raum zu einer anderen Zeit. Ratten, Mäuse, Flöhe und Wanzen waren eine ständige Gefahr für uns. Ich fühle immer noch die schrecklichen Magenkrämpfe der Ruhr, die alle befiel, und die langen Märsche zu den Latrinen, die überfüllt und ohne jegliche Privatsphäre waren.

Einer meiner Freundinnen hatte ein anderes Leiden. Wir sollten uns von ihr fernhalten, weil die Krankheit sehr schlimm und ansteckend sein sollte. Die Krankheit hieß Tuberkulose. Als ich jedoch bemerkte, dass sie kleine Extraportionen Essen und ein bisschen Milch erhielt, wollte ich dies auch und betete, dass ich diese Krankheit bekommen möge und das extra Essen, das damit verbunden war. Bald hatte ich die gleichen Symptome. Ich war ständig müde, verlor Gewicht und hustete viel. Als ich auf Tuberkulose untersucht wurde, war das Ergebnis positiv. Endlich hatte ich, was ich wollte. Meine Gebete waren erhört worden. Mir war natürlich nicht klar, wie krank ich wirklich werden würde und was die Konsequenzen sowohl im Konzentrationslager als auch später in meinem Leben sein würden. Ich bekam zwar auch ein paar extra Portionen zu essen, aber eine andere Behandlung gab es nicht.

Fast alle Erwachsenen mussten arbeiten. Einige Frauen mussten Glimmer spalten, der für die Kriegsproduktion benötigt wurde. Mamas erste Arbeit war es, Kleidung von Typhuspatienten zu waschen. Obwohl sie keine Ausbildung als Krankenschwester hatte, arbeitete sie später als Schwester in der Frauenabteilung des Krankenhauses für alte Leute. Jeden Tag durchstöberte Papa den Müllhaufen auf der Suche nach Kartoffelschalen und verrotteten Rüben, von denen er die essbaren Stellen abschnitt, um unsere kargen Mahlzeiten ein bisschen aufzubessern. Wir lebten in ständiger Angst, dass man uns weiter nach Osten ins Unbekannte schicken würde, wo die Bedingungen noch schlechter sein würden als in Terezín.

Ich war Teil einer Gruppe von Kindern, die im Block der Kriegsversehrten lebten. Unsere Väter hatten alle Verwundungen aus dem Ersten Weltkrieg. Wir wurden jeden Tag dünner, und man sah die Knochen unter unserer Haut. Trotzdem spielten wir immer. Wir durchsuchten die Müllberge nach verborgenen Schätzen – einer verdorbenen Rübe, Kartoffelschalen oder einem Stück Bindfaden. Schule war streng verboten, doch ein paar heldenhafte Lehrer versuchten, uns etwas beizubringen, meistens aus dem Gedächtnis, da es kaum Bücher oder andere Arbeitsmittel gab. Dieser Unterricht durfte nicht „Schule" genannt werden; es hieß „Beschäftigung".

Schlangestehen bei der Essenausgabe in Terezín.

Der schrecklichste Tag meiner drei Jahre in Terezín war die Zählung in der Schlucht von Bohušovice im 11. November 1943. Man sagte uns, dass einige Gefangenen fehlten, weshalb eine vollständige Zählung durchgeführt werden müsse.

Mindestens 40.000 von uns wurden auf einem schlammigen Feld zusammengetrieben. Es war ein kalter, regnerischer Tag, und unsere Füße versanken im Boden. Um uns herum standen Soldaten, die ihre Waffen auf uns richteten. Unser Schicksal stand in den Sternen.

Den ganzen Tag bekamen wir nichts zu essen, und es gab keine Toiletten. Brutale SS-Männer zählten uns und verprügelten viele Häftlinge. Das war das einzige Mal während meiner Gefangenschaft, dass ich mich außerhalb des Lagers aufhielt, doch die angsteinflößenden und gefährlichen Umstände versagten mir die Freude darüber.

Spät in der Nacht mussten wir nach Terezín zurückkehren. Männer, Frauen und Kinder sollten getrennt zurücklaufen. Meine Eltern und ich weigerten sich, und wir hielten uns fest, so sehr wir konnten. Entsetzt musste ich zusehen, wie ein SS-Mann meiner Mutter den Gewehrkolben in den Rücken rammte, weil sie sich den Anweisungen widersetzte. Auf dem Feld blieben viele Tote zurück, doch irgendwie gelang es uns, ohne weitere Strafen nach Terezín zurückzukehren.

Gegen Ende des Jahres 1943 machten Gerüchte von Massenmorden die Runde. Das Internationale Rote Kreuz forderte einen Besuch in einem Konzentrationslager. Terezín wurde zur Inspektion ausgewählt. Kurz vor diesem Besuch im Juni 1944 wurde das Lager dafür „verschönert". Die Häuser wurden gestrichen, Straßenschilder ersetzten die Nummern an den Häuserblöcken.

Wegweiser zu Schulen und Spielplätzen wurden aufgestellt. Eine Bühne wurde aufgebaut, auf der Musiker spielten, damit es so aussah, als sei Terezín ein Kurort für Juden. Einige Kinder bekamen Sardinenbrote, und für die Besucher wurde eine Kinderoper aufgeführt. Neues, wertloses Lagergeld wurde eingeführt. In dem begrenzten Bereich, der den Inspektoren gezeigt wurde, durften sich nur gesunde Insassen aufhalten.

Die Kommission fiel auf die Täuschung herein, sie schrieb einen begeisterten Bericht über das Lager und die hervorragenden Bedingungen, unter denen die Juden hier leben durften.

Terezín war der Vorhof von Auschwitz. Während der jüdischen Feiertage im Herbst 1944 erreichten die Transporte in die Gaskammern ihren Höhepunkt. Adolf Eichmann, der für die Deportation der europäischen Juden in die Vernichtungslager verantwortlich war, besuchte Terezín mehrere Male. Ich erinnere mich an ihn und sein schwarzes Auto.

Als die letzten Transporte in den Osten zusammengestellt wurden, mussten sich alle Kriegsversehrten am SS-Hauptquartier melden. Um den Namen meiner Familie wurde ein roter Kreis gezogen. Wir blieben vom Tod verschont.

Meine beste Freundin Ruth jedoch, ihre Familie und die meisten meiner anderen Freunde hatten dieses Glück nicht. Sie wurden in die wartenden Viehwaggons gedrängt, die Türen wurden verschlossen, und ihr Schicksal war besiegelt. Innerhalb weniger Tage nach ihrer Ankunft wurden sie in den Gaskammern von Auschwitz ermordet. Ich war einsam und vermisste Ruth und meine anderen Spielgefährten. Damals wusste ich nicht, was mit ihnen passiert war.

Eines Tages, kurz nachdem Ruth und die anderen weggebracht worden waren, hielt mich eine junge Frau an, in der Nähe des Hauses, wo ich mit meinem Eltern lebte. Sie wirkte nervös und aufgeregt. Mit hastigen Worten fragte sie mich: „Kannst du mir helfen, auf meinen kleinen Jungen Benny achtzugeben? Ich arbeite in der Küche, und sie haben meine Schicht geändert. Du bekommst dafür ein paar Kartoffeln." Ich schaute auf das Baby, das in einem notdürftig zusammengebauten Kinderwagen saß. Der Junge lächelte mich an.

Ich war neun Jahre alt und freute mich stolz darauf, meinen Eltern den wertvollen Lohn zu bringen. Ich akzeptierte also das Angebot und achtete sorgfältig auf den Kleinen, während seine Mutter arbeitete.

In der Zwischenzeit hatte es die Anweisung gegeben, auch in Terezín Gaskammern zu errichten, doch sie wurden niemals fertiggestellt. Terezín war 1945 fast leer. Als sich die Alliierten näherten, wurden Gefangene aus den von den Nazis besetzten Gebieten zu Todesmärschen gezwungen. Es gab den Befehl, so viele wie möglich in unser unterbelegtes Lager zu bringen.

Die Gefangenen waren in einer schrecklichen Verfassung. Einige waren gezwungen worden, sehr lange Strecken zu laufen. Ihre Füße waren in Stofffetzen eingewickelt oder steckten in kaputten Sandalen. Die Köpfe waren rasiert, und sie trugen blau-weiße Gefangenenuniformen oder zerrissene Kleidung. Es gab mehr Männer als Frauen in den Gruppen. Die „Glücklicheren" legten manchmal einen Teil der Strecke in offenen oder geschlossenen Güterzügen zurück. Sie sahen alle wie wandelnde Skelette aus, viele hatten Typhus oder andere Krankheiten. Die meisten waren schon seit einer Weile unterwegs, und sie alle waren dreckig, fast schon nicht mehr wie Menschen.

Wir teilten unsere kleinen Essensrationen mit diesen armen Teufeln. Wie hungrige Tiere kämpften sie um die Brotstücke, die wir ihnen gegeben hatten.

Als es hieß, dass Gefangene aus Riga kommen, suchte ich vergeblich nach meiner Großmutter. Wir hatten das Gerücht gehört, ihr Transport sei nach Riga geschickt worden. Zu unserem Entsetzen und zu unserer Enttäuschung erfuhren wir nun die Wahrheit über die Erschießungen in den Wäldern und die Gaskammern in Auschwitz. All das hatte man in Terezín vor uns geheim gehalten.

Der Krieg war noch nicht vorbei. Angst erfasste das Lager. „Jetzt werden sie uns auch umbringen!" dachten wir. Mit den Neuankömmlingen war die Zahl der Menschen in Terezín um ein paar Tausend gestiegen. Die meisten waren sehr jung und hatten gerade mal ihren 20. Geburtstag hinter sich. Doch trotz des Alters war die Todesrate unter den Neuankömmlingen sehr hoch. Wir hatten große Angst vor dem was kommen würde.

Befreiung

Im Mai 1945 näherte sich der Krieg seinem Ende. Ich sah halb verbrannte Papiere durch die Luft fliegen. Die Wachen vernichteten die Beweise von Tod und Zerstörung. Ich erinnere mich an den Lärm, als die Wachen in ihren Lastern flohen. Ich stieg auf einen Zaun, um zu sehen, was geschah. Eine Wache warf eine Handgranate, die in meiner Nähe landete, und ich rannte zu meinen Eltern in Sicherheit.

Jetzt kam uns die militärische Erfahrung meines Vaters

gelegen. Er fand sofort einen verlassenen Keller, und wir folgten, so schnell wir konnten. Ich ließ Marlene auf dem Bett liegen und nahm nur ein Gebetbuch mit, das mein Vater in einem Müllhaufen gefunden hatte. Vielleicht hatte jemand Angst gehabt, es mit auf die Reise „in den Osten" zu nehmen, oder er hatte seinen Glauben an Gott verloren, obwohl er das Buch noch ins Lager geschmuggelt hatte. Der Name des früheren Besitzers stand immer noch in dem Buch.

Immer mehr Leute folgten uns in den Keller. Jemand hatte eine kleine Kerze dabei, die ein wenig Licht ins Dunkel brachte. Ich betete von ganzem Herzen und las aus dem Buch das Sch'ma, das jüdische Glaubensbekenntnis: „Höre Israel, der Ewige, unser Gott, der Ewige, ist einzig!" Meine Lippen zitterten, während ich Gott anflehte, uns zu retten.

Ein mutiger Mann traute sich, den Keller zu verlassen, um zu sehen, was draußen geschah. Schnell kam er wieder, außer Atem, und er rief: „Wir sind frei, die Russen sind da!"

Doch im Innersten zweifelten wir. Konnte es wahr sein, dass dieser Albtraum endlich vorbei war? Vorsichtig kamen wir aus dem dunklen Verlies unseres Versteckes hervor. Auf den Straßen herrschte viel Bewegung. Überall Laster und Panzer mit dem roten Stern. Die Soldaten sangen und tanzten auf ihren Panzern. Manche spielten sogar Akkordeon. Es war ein merkwürdiger Anblick.

Die Nacht des 8. Mai 1945 wird mir für immer im Gedächtnis bleiben. Die Befreiung war endlich da, und dieses Datum wurde so etwas wie mein zweiter Geburtstag, den ich genauso feiere wie den Tag meiner Geburt. Ich war zehn Jahre alt und hatte das Gefühl, schon ein ganzes Leben hinter mir zu haben. Der erste Schritt in die neue Freiheit bestand darin, dass ich mir den gelben Stern von der Brust riss. Wir kehrten spät nachts in unsere Quartiere zurück, doch wir ließen unsere Kleidung an und waren immer noch unsicher. „Sind wir wirklich frei? Was wird jetzt passieren?"

Die Sowjetarmee war schlecht ausgerüstet und hatte nur wenige Nahrungsvorräte. Dennoch teilten die Soldaten ihre Rationen mit uns. Wir erhielten große Portionen Gerstensuppe. Ich erinnere mich, wie mir ein netter Soldat ein Stück Schwarzbrot gab, geschmiert mit einem riesigen Berg von Butter, wie mir schien.

Nur ein paar Tausend Gefangene haben Terezín lebend verlassen. Von 1941 bis 1945 waren 140.000 Juden in dieses Konzentrationslager deportiert worden, von denen 88.000 in die Todesfabriken im Osten geschickt wurden, während 35.000 an Unterernährung oder Krankheit starben. Von den 15.000 Kindern überlebten nur wenige. Ich hatte das Glück, eines von ihnen zu sein. Das Lager blieb nach der Befreiung wegen der Typhus- Epidemie einige Monate in Quarantäne.

Wir waren endlich befreit, doch wir waren noch nicht ganz frei.

Nach Hause

Anfang Juli 1945 holte uns endlich ein Bus aus Stuttgart ab. Es war, als sei das Gefährt vom Himmel gesandt, um uns aus der von Menschen gemachten Hölle von Terezín zu befreien. Aus unserem Transport von fast 1100 Menschen hatten weniger als 50 überlebt. Unter ihnen waren meine Eltern und ich. Es war ein Wunder, dass eine gesamte Familie die Todesmaschinerie der Nazis überleben konnte. Ich erinnere mich, wie ich durch die zerbombten deutschen Städte fuhr, in denen nur noch die Fundamente der Häuser zu sehen waren – eine dieser Städte war das früher einmal wunderschöne Dresden. Während meiner Reise fühlte ich ein Brennen und Jucken am Bein. Das sollte der letzte Floh sein, der mich beißt, versprach ich mir, während ich versuchte, nicht zu kratzen.

Nach ein paar Tagen im Bus, brachte man uns in ein Flüchtlingslager in Stuttgart, einer Einrichtung für heimkehrende jüdische Überlebende. Meine erste Mahlzeit wurde auf einem wunderbar gedeckten Tisch mit einem weißen Tischtuch serviert. Das Essen begann mit Nudelsuppe. Ich aß langsam und genoss jeden Löffel. Es war meine erste richtige Mahlzeit seit drei langen Jahren.

Nach einem kurzen Aufenthalt in dem Lager fuhren wir zurück nach Jebenhausen, wo wir hofften, mit meiner Großmutter zusammenzutreffen. Es wurde jedoch bald klar, dass 13 unserer nächsten Angehörigen niemals nach Hause kommen würden, einschließlich meiner lieben Großmutter. Alle hatten sie ihr Leben durch die Nazis verloren, entweder waren sie verhungert oder sie waren in den Gaskammern oder durch Erschießungskommandos ermordet worden. Selbst unser geliebtes Hausmädchen Therese war dem Krieg zum Opfer gefallen. Ein amerikanischer Soldat schoss durch die Tür ihres Hauses, als sie nicht geöffnet hatte, und tötete sie sofort. Das war für uns alle ein großer Schock.

Der Aufenthalt in Großmutters Haus in Jebenhausen war nur kurz. Die Erinnerungen schmerzten zu sehr, als dass wir bleiben konnten, und so zogen wir in eine sehr schön möblierte Wohnung in Göppingen. Papa eröffnete wieder sein Textilgeschäft und besaß sogar bald wieder ein Auto.

Nur sehr wenige jüdische Kinder hatten in Württemberg überlebt. Ich hatte vier Jahre Schulzeit verloren und wurde in die vierte und fünfte Klasse versetzt. Es war schwer, daran zu glauben, dass man nach so viel Schrecken und Elend wieder ein normales Leben führen könne. Ich fand jedoch viele neue Freunde – alles Christen, die mich gut behandelten.

Emigration nach Amerika

Knapp ein Jahr nach unserer Rückkehr aus Terezín entschieden meine Eltern, trotz unseres guten neuen Lebens, Deutschland zu verlassen. Sie dachten, dass es auf dem blutgetränkten Boden unserer Heimat keine Zukunft für mich gebe, auch wenn in Deutschland ein „neuer Wind" wehte.

Als Geste des guten Willens öffnete Präsident Harry S. Truman die Türen Amerikas für jüdische Überlebende aus Hitlers Hölle. Meine Eltern wollten diese Möglichkeit nutzen und beantragten eine Aufnahme in die erste Liste.

Es kam der Frühling des Jahres 1946, ich war elf Jahre alt. Da es nach dem Krieg nur wenige Passagierzüge gab, benutzte man Viehwaggons, um uns zu transportieren. Keiner hatte ein Problem damit, auf dem Boden zu schlafen; wir waren an solche Bedingungen gewöhnt. Die Nächte waren kühl, und es war frisch in dem Wagen. Ich als Jüngste unserer Familie bekam ein Feldbett, doch die paar Schlafplätze reichten nicht für alle.

Nach einigen Tagen Zugfahrt wurden wir für kurze Zeit in einer früheren Kaserne untergebracht. Dann brachte man uns nach Bremerhaven, wo uns die „Marine Perch", ein amerikanisches Truppentransportschiff, erwartete. Es war eine stürmische, zehn Tage dauernde Überfahrt. Ich litt, wie viele andere Passagiere, die meiste Zeit unter der Seekrankheit. Endlich erreichten wir am 24. Mai 1946 den Hafen von New York City. Mein erster Eindruck von der Stadt war der Anblick der Freiheitsstatue in der Nacht zuvor. Das Licht ihrer Fackel reichte uns die Hand, um uns in strahlendem Glanze willkommen zu heißen.

Ich lief mit meinen Eltern die Planke hinunter, meine Puppe Marlene hielt ich fest in den Armen. Man brachte uns in eine große Halle, wo Tante Trudl auf uns wartete. Ein Bruder von Mama und seine Frau lebten in der Nähe der Stadt. Sie hatten Deutschland verlassen können, kurz bevor die Hölle losbrach. Mein Onkel wurde eingezogen und kämpfte in der amerikanischen Armee im Zweiten Weltkrieg.

Das Joint Distribution Committee, eine jüdische Hilfsorganisation, übernahm die Unterstützung für die Überlebenden aus unserer Gruppe. Meine Tante und mein Onkel hatten kein Geld, um uns zu helfen – sie hatten nur ihre Liebe und ein paar Kenntnisse über das Leben in Amerika.

Als meine Eltern und ich den Ankunftsbereich verließen, liefen wir aus der Finsternis der Vergangenheit in das helle Licht der Sonne. Amerika empfing uns mit offenen Armen. Es war möglich, wieder zu hoffen und eine bessere Zukunft zu finden.

Konsequenzen des Holocaust

Leider verdunkelte sich der helle Himmel im Land der unbegrenzten Möglichkeiten bald wieder. Unsere Hoffnungen und Träume verpufften kurz nach unserer Ankunft in New York City.

Eine Weile wohnten wir in einer kleinen Wohnung im zweiten Stock, die wir mit dem Bruder meiner Mutter, seiner Frau und ihrem Vater teilten. Sie wohnten in Rockville Centre, einem Vorort von New York. Erst kurz zuvor war mein Onkel von seinem Dienst in der amerikanischen Armee zurückgekehrt.

Nach einem kurzen Aufenthalt mit unserer Familie in Rockville Centre schickten mich meine Eltern nach Jamaica, im New Yorker Stadtteil Queens, um dort bei entfernten Verwandten zu leben. Sie hatten zwei Kinder, und wir konnten gemeinsam zur Schule gehen. Obwohl ich bei der Ankunft in den USA nur wenige Brocken Englisch beherrschte, war ich fest entschlossen, die Sprache schnell zu lernen, und ich übte jeden Tag neue Worte.

Innerhalb kurzer Zeit fanden meine Eltern eine Arbeit als Hausangestellte bei einer reichen Familie, die auf einem großen Anwesen in Rye, im Bundesstaat New York, lebte. Wieder einmal zogen wir um. Endlich war die Familie wieder vereint.

Wir lebten noch keine drei Monate in Amerika, als uns eine neue Tragödie traf. Am Anfang dachten wir, ich sei nur schlimm erkältet, aber es stellte sich heraus, dass die Tuberkulose wieder gekommen war, die ich mir im Konzentrationslager zugezogen hatte. Ich konnte nicht mehr rennen, ich litt unter ständiger, extremer Erschöpfung. Aus einem kleinen, aber beharrlichen Husten, den meine Mutter dem kalten Wagen auf der Zugreise nach

Bremerhaven zuschrieb, wurde ein ernsthaftes Problem. Nach dem Krieg hatte ich mich wieder gut gefühlt. Nun war ich in kürzester Zeit von einem gesunden zu einem sehr kranken Kind geworden.

Wir gingen zu einem Arzt, der uns dringend riet, einen Lungenspezialisten in einer Klinik in der Nähe von Rye zu Rate zu ziehen. Kurz darauf wurde unsere größte Angst bestätigt: Ich hatte wieder Lungentuberkulose, von der wir dachten, dass ich sie überstanden hätte. Der Doktor sagte mir, dass man mich in einem Krankenhaus mit anderen kranken Kindern unterbringen müsste.

„Nein, nein, ich gehe nicht ins Krankenhaus", schrie ich, und Tränen liefen mir das Gesicht herunter. „Schickt mich nicht weg!", bettelte ich meine Eltern. Ich wollte nicht schon wieder von ihnen getrennt sein, dieses Mal in einem merkwürdigen neuen Land, wo ich außer meiner Familie kaum jemanden kannte. Ich wusste ja aus der Zeit in Terezín auch, wie Krankenhäuser sind – damals, als ich Scharlach hatte.

Während ich weinte, erinnerte ich mich daran, dass ich im Konzentrationslager gebetet hatte, diese Krankheit zu bekommen. Hatte ich mir das nicht gewünscht, um größere Essenrationen zu erhalten? Doch dann war ich wieder genesen und dachte, dass ich die Krankheit für immer hinter mir hätte, sobald wir befreit würden. Sie gehörte ins Konzentrationslager, nicht in die Vereinigten Staaten, dem Land der Freiheit, wo jeder genug zu essen hat und nicht so krank werden musste wie ich.

Verdiente ich es nicht, glücklich zu sein? Was hatte ich getan, dass ich wieder so krank wurde? Kümmerte sich Gott nicht mehr um mich? Bitte Gott, Du hast schon einmal auf mich gehört, bitte höre mir noch einmal zu. Lass mich nicht krank werden in Amerika!

Doch diesmal hörte Gott nicht. Man brachte mich nach Valhalla, New York. Dort lag ich auf Station 200 in Sunshine Cottage, der Abteilung für Kinder mit ansteckenden Krankheiten. Hier, in der Abteilung für Tuberkulosekranke, musste ich mit anderen, ähnlich kranken Kindern, meine Zeit in absoluter Bettruhe zubringen. Es gab dort auch eine Station für Poliokranke.

Damals gab es noch keine „Wundermittel". Wenn die Bettruhe nicht half, gab es nur noch den Pneumothorax, damit die kranke Lunge kollabiert und vollständig zur Ruhe kommt. Selbst mit dieser Prozedur waren die Heilungsaussichten nicht besonders gut, und viele Patienten starben an der Krankheit. Und da diese Behandlung keine Garantie für eine Heilung war, hörten meine Eltern auf mich und verzichteten darauf.

Doch es gab auch andere schmerzhafte Tests. Alle paar Wochen wurde Flüssigkeit aus unsem Magen untersucht. Dabei führte man einen langen Gummischlauch, der aussah wie eine Schlange kurz vor dem Angriff, durch die Nase bis in den Magen ein. Trotz des Eiswürfels, den man uns gegen den Brechreiz gab, war diese Untersuchung sehr schmerzhaft. Wenn die richtige Tiefe erreicht war, wurde eine Spritze mit dem Schlauch verbunden und Flüssigkeit aus dem Magen entnommen, die dann ins Labor geschickt wurde, um herauszufinden, ob die Krankheit noch aktiv war.

Die Bronchoskopie war eine noch größere Tortur. Sie fand im Operationssaal statt, und an die schrecklichen Schmerzen erinnere ich mich immer noch. Man wurde nur schwach betäubt. Die übel schmeckende Lösung, die die Kehle ein bisschen vereiste, reichte nicht für die ganze Prozedur. Die Schmerzen waren kaum auszuhalten, und man konnte nicht einmal schreien, weil die Instru-

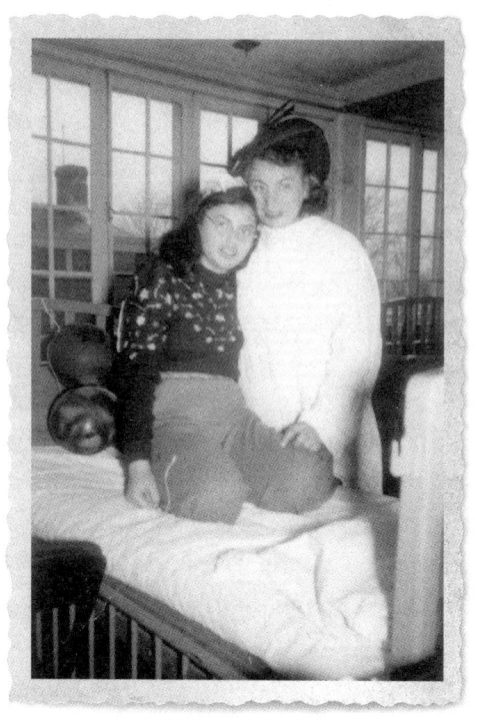

Inge und ihre Mutter in dem Krankenhaus für Infektionskrankheiten, 1947

mente auf den Stimmbändern lagen. Glücklicherweise folgten meine Eltern dem Flehen, nicht noch einmal für eine solche Untersuchung zu unterschreiben. Ich dachte wirklich, dass ich während dieser Prozedur ersticke, und ich war überrascht, dass ich am Ende, als alles vorbei war, noch lebte.

Ab und zu wurden wir auf Konferenzen geschickt, auf denen andere Ärzte sich fortbildeten. Als ich an der Reihe war, hörte ich, wie der Doktor den Zuhörern sagte, dass ich ein sehr schlimmer Fall sei, bei dem beide Lungen angegriffen wären. Ich galt als eines der krankesten Kinder auf Station 200 und musste länger als ein Jahr im Bett bleiben. Ich war dem einen Gefängnis entflohen, nur um in ein anderes zu kommen. Würde ich jemals wieder die Freiheit genießen können?

Meine Eltern durften mich nur einmal pro Woche für drei Stunden besuchen. Ich lebte für die Sonntage, an denen ich sie sehen durfte. Einige Eltern waren auch tuberkolosekrank und starben. Ihre Kinder blieben allein zurück. Ich war dankbar für meine mich liebenden Eltern.

Ich war das einzige jüdische Kind in dem Krankenhaus und hatte niemanden, mit dem ich meinen Glauben teilen konnte. Manchmal feierte ich mit den anderen die christlichen Feiertage, doch unsere besonderen jüdischen Festtage konnte ich nicht feiern, und es gab auch keine Möglichkeiten, mich an die jüdischen Speisevorschriften zu halten. Nur meine Puppe Marlene war mir als Gesellschaft geblieben, so wie damals, als ich zwei Jahre alt war – und dazu ein Radio, das mir meine Eltern bei einem Besuch geschenkt hatten.

1948 war ich dreizehn Jahre alt und hatte zwei Jahre im Krankenhaus verbracht. Meine Eltern konnten die Ärzte schließlich überzeugen, mich nach Hause zu entlassen, da sie jetzt eine Wohnung in Brooklyn gemietet und ein normales Zuhause hatten. Ich bekam strenge Anordnung noch viel zu ruhen; ich durfte nicht in die Schule gehen und mich auf keine andere Art und Weise belasten. Wir feierten, als ich endlich nicht mehr ansteckend war und versuchen konnte, wieder ein normales Leben zu führen.

Ein Teil meines neuen Lebens bestand darin, meiner Mutter zu helfen, ein bisschen zusätzliches Geld zu verdienen, indem wir Schürzen in der Nachbarschaft verkauften. Wir stiegen die Treppen hinauf und hinab und arbeiteten sehr hart. Auch wenn ich erschöpft war, ließ ich es mir nie anmerken, und wenn ich begann, Blut zu spucken, versuchte ich, den schrecklichen Beweis zu verbergen, so lange es ging.

Dieses Mal empfahl der Doktor einen Facharzt in der Nähe, da ich für weitere Entfernungen zu schwach war. Dieser Arzt empfahl mir ein neues Medikament: Streptomycin. Auf zauberhafte Weise vollbrachte das Mittel Wunder, und ich war bald fast vollständig von der Tuberkulose geheilt.

Nachwirkungen

Während der zwei Jahre im Krankenhaus hatten meine Eltern eine Wohnung in Brooklyn gemietet. Als ich 1948 zu ihnen zurückkehren durfte, erhielt ich zuerst Hausunterricht und ging ab 1950 in die Bushwick High School. Ich war inzwischen 15 Jahre alt.

Es war das erste Mal, dass ich richtig zur Schule gehen konnte. In drei statt normalerweise vier Jahren beendete ich meine Schulpflicht an der Bushwick High School mit mehreren Auszeichnungen. Ich ging jeden Sommer zur Schule, um schnell weiterzukommen. Meine Ausbildung wurde noch einmal durch einen Tuberkuloserückfall unterbrochen, aber das Streptomycin, ein Jahr Bettruhe und eine Kombination aus anderen neuen Medikamenten heilten mich schließlich.

Meinen Abschluss machte ich 1958 am Queens College, einem Teil der City University of New York, mit einem Bachelor in Chemie. Tuberkulose war immer noch eine stigmatisierte Krankheit. Diese Erfahrung musste ich selbst machen, als sich zwei junge Wissenschaftler, denen ich ernsthaft verbunden war, jeweils von mir trennten, nachdem ich ehrlich genug war, ihnen meine Krankengeschichte zu erzählen.

38 Jahre lang arbeitete ich als Chemikerin in der Forschung und der Diagnose.

Ich habe fünf Bücher über verschiedene Themen geschrieben, darunter auch über den Holocaust, die in viele Sprachen übersetzt wurden. Mehrere Dokumentarfilme wurden über mein Leben gedreht.

Meine Leidenschaft und mein Herzenswunsch ist es, in vielen Ländern vor Kindern und Erwachsenen Vorträge zu halten, in der Hoffnung, das Gute in den Menschen zu fördern. Da ich nie geheiratet habe, empfinde ich die Kinder der Welt als „meine" Kinder.

Mein Motto ist: Gib niemals auf!

Wer bin ich?

Aus der Asche bin ich geboren
Meine Familie hab ich verloren.
Bin in der zerbrochnen Kette ein neues Glied
Bin alle Freude, alles Leid, das geschieht.

Bin alle Hoffnung, alles Glück, alle Sorgen
Ich bin das Gestern, das Heute, das Morgen.
Ich trage die Namen all der Unbekannten
Aus fremden Orten, aus fernen Landen.

Ich bin das nie zuvor gehörte Lied
Ich bin der Geist, der vogelgleich fliegt.
Ich bin das frühere Leben unserer Lieben.
Als ihr erfüllter Traum bin ich geblieben.

Ich bin so vieler Kinder stummes Leben
Wurde geboren, ihnen eine Stimme zu geben.
Ich bin ein Baum und zwischen Himmel und Erde
Wachsen mir Zweige, die ich niemals kennen werde.

Wer bin ich?

Ich bin! Ich bin!

Inge Auerbacher

Anhang
Nachworte
Danksagungen
über die Autorinnen

Inge Auerbacher in Chemnitz

Auf eine vorsichtige Anfrage hin, ob sie sich vorstellen könnte, einmal für eine Lesung nach Chemnitz zu kommen, antwortete Inge Auerbacher aus New York prompt: „Nach Chemnitz komme ich sofort, denn diese Stadt spielt eine besondere Rolle im Leben meiner Freundin Bożenna." So reiste Inge wenige Wochen später nach Chemnitz und sprach in Schulen der Stadt vor ca. 300 Jugendlichen über ihre Erfahrungen als Kind im Konzentrationslager Theresienstadt, appellierte an ihre Toleranz und Menschlichkeit.

Nachmittags machte sie sich auf die Suche nach Bożennas Chemnitz – und fand mit Unterstützung ortskundiger Bürger den Platz, wo sich das Arbeitslager höchstwahrscheinlich befunden hat.

Inge Auerbachers Engagement ist zu verdanken, dass das Buch „Children of Terror" nun auf Deutsch in Chemnitz erscheint.

In einem Nachwort wird in der deutschen Ausgabe die Situation der Zwangsarbeiter in Chemnitz, die Bożenna als Kind erleben musste und bisher wenig aufgearbeitet wurde, beleuchtet.

Von Dorothee Lücke
für die Deutsch-Israelische-Gesellschaft AG Chemnitz

Mit den Augen eines Kindes:
Zwangsarbeit in Freiberg und Chemnitz

Von Jürgen Nitsche

„Zwangsarbeiter" ist ein Nachkriegsbegriff für die Männer und Frauen, insgesamt zwölf Millionen Menschen, die aus den von Hitlers Wehrmacht besetzten und eroberten Gebieten Europas in das Deutsche Reich gebracht wurden, um hier in Rüstungsbetrieben, auf Baustellen, in der Landwirtschaft, im Handwerk, für die Stadtverwaltung oder in Privathaushalten zu arbeiten. Ein Blick in die Unterlagen der Stadtarchive in Freiberg und Chemnitz zeigt, dass Zwangsarbeit kein Phänomen am Rande der Gesellschaft war. Sie war ein zentraler Bestandteil der nationalsozialistischen Lebens- und Arbeitswelt. Eigens errichtete Baracken- und Gemeinschaftslager waren über das gesamte Stadtgebiet verteilt. Ausländische Zivilarbeiter gehörten zum alltäglichen Straßenbild.

Im Bereich des Chemnitzer Arbeitsamtsbezirkes waren allein im Herbst 1944 etwa 31.000 Zwangsarbeiter eingesetzt, mehr als 20.000 direkt in der Stadt. Zu dieser Zeit waren bereits etwa ein Viertel der Arbeitskräfte in der gesamten deutschen Wirtschaft Zwangsarbeiter. Den weitaus größten Anteil (mehr als 40 Prozent) stellten Zwangsarbeiter aus der damaligen Sowjetunion. Die Mehrheit der Chemnitzer Zwangsarbeiter waren ausländische Zivilisten. Zu diesen gehörten auch die Eheleute Wiktor und Janina Urbanowicz aus Ostpolen. Sie waren im September 1943 für einen „Arbeitseinsatz" im Deutschen Reich rekrutiert worden.

Zwangsarbeit im Nationalsozialismus hatte viele Gesichter. Entsprechend ihrer Stellung in der nationalsozialistischen Rassenhierarchie wurden folgende Menschengruppen zur Zwangsarbeit herangezogen: Ausländische Zivilarbeiter mit unterschiedlichem Rechtsstatus („Fremdarbeiter"), Kriegsgefangene, Strafgefangene, „Arbeitsjuden", „Zigeuner" und KZ-Häftlinge.

Bei den „Fremdarbeitern" handelte es sich um Zivilisten aus den okkupierten Gebieten, die entweder unter falschen Versprechungen angeworben, zumeist aber gegen ihren Willen eingesetzt worden waren. Als im Frühjahr 1942 die Repressalien in Westeuropa zunahmen, wurden auch aus den ehemals „Freiwilligen" Zwangsarbeiter.

Für die „Ostarbeiter", die auf der untersten Stufe der Ausländerhierarchie standen, waren die Existenzbedingungen am schlechtesten. „Ostarbeiter" war in der Zeit des Zweiten Weltkrieges die behördliche Bezeichnung für Arbeitskräfte nichtdeutscher Volkszugehörigkeit, die ab Dezember 1941 in den besetzten Ostgebieten erfasst wurden. Bis Kriegsende waren etwa 2,75 Millionen „Ostarbeiter" im Reich beschäftigt.

Bereits im März 1940 hatten die Nationalsozialisten mit den sogenannten „Polen-Erlassen" ein diskriminierendes Sonderrecht für die polnischen Zwangsarbeiter geschaffen. Darin wurde von den nachgeordneten Stellen gefordert, die Polen künftig mit einer besonders gekennzeichneten Arbeitserlaubniskarte mit Lichtbild zu versehen und sie nach Möglichkeit in Lagern oder zumindest getrennt von den deutschen Arbeitskräften unterzubringen. Ansonsten drohte die Todesstrafe Arbeitserziehungslager oder ohne weitere Gerichtsverhandlung.

„Arbeitsjuden", sowjetische Kriegsgefangene und KZ-Häftlinge waren Zwangsarbeiter, die ohne jeglichen Einfluss auf ihre Existenzbedingungen waren. Als „Arbeitsjuden" wurden jene Menschen bezeichnet, deren Arbeitskraft vor ihrer Deportation in die Vernichtungslager des Ostens noch ausgebeutet werden sollte. Anfangs hatte Zwangsarbeit von Juden keine primär wirtschaftliche Bedeutung, sondern bestand oft in sinnloser erniedrigender, demütigender Arbeit. Erst mit dem steigenden Bedarf an Arbeitskräften in der Rüstungsindustrie und anderen „kriegswichtigen" Wirtschaftszweigen gewann die ökonomische „Verwertung" der jüdischen Arbeitskraft an Bedeutung.

Die Chemnitzer „Arbeitsjuden" waren ortsansässige Bürger, die ab Herbst 1940 zwangsweise in elf Betrieben und für städtische Ämter arbeiteten. In der Beleuchtungskörper- und Metallwarenfabrik „E. F. Barthel" wurde eigens eine Rüstungsabteilung eingerichtet, in der vor allem jüdische Männer gesundheitsgefährdende Arbeiten verrichten mussten. Am 27. Februar 1943 wurden in einer reichsweiten Aktion, fast alle „Rüstungsjuden" verhaftet und deportiert. Darunter befand sich auch Justin Sonder, der als 17jähriger in das „Judenlager" Hellerberg bei Dresden gebracht und von dort nach Auschwitz verschleppt wurde. Seine Eltern waren bereits im September 1942 in das Altersghetto Theresienstadt deportiert worden. Zita und Leo Sonder könnten dort der achtjährigen Inge, Bożennas späterer Freundin, und deren Familie begegnet sein, die 18 Tage zuvor dahin verbracht worden waren.

Als die neunjährige Bożenna im September 1943 in Mittelsachsen eintraf, setzte sich ein Weg voller Leiden und Entbehrungen fort, der vier Jahre zuvor begonnen hatte. Damals war ihre wolhynische Heimat unter sowjetische Verwaltung gestellt worden, wie es der am 23. August 1939 unterzeichnete deutsch-sowjetische Nichtangriffspakt vorsah. Es brach ein „Roter Sturm" über die Gemeinde Leonowka herein, in der bis dahin 300 polnische Katholiken, ukrainisch-orthodoxe Christen sowie polnische und ukrainische Juden friedlich nebeneinander gelebt hatten. Der „Rote Sturm" bedeutete

Gewalt, gegen Polen und Juden. Ehemalige polnische Bürger wurden deportiert, darunter auch Bożennas Tante und Onkel mit drei Kindern. 300.000 polnische Soldaten gerieten in sowjetische Kriegsgefangenschaft. Der „Rote Sturm" hieß aber auch Zwangskollektivierung der Landwirtschaft und Stalinisierung des gesellschaftlichen Lebens.

Auf den „Roten Sturm" folgte zwei Jahre später die Hölle, das „Inferno", das mit dem deutschen Überfall auf die ehemalige Sowjetunion begann und der Besetzung der ostpolnischen Gebiete durch Hitlers Wehrmacht einherging. Die Lage spitze sich im August 1943 dramatisch zu, als die Ukrainische Aufstandsarmee (UPA), der militärische Arm der ukrainischen Nationalisten, dazu überging, polnische Christen und Juden in der Provinz zu töten. So kam es gerade in Wolhynien zu Massakern an der polnischen Bevölkerung. Insgesamt wurden damals 60.000 Polen regelrecht hingerichtet. Die einzige Chance, dem „Inferno" zu entkommen, war, sich in Feindesland zu begeben. Keine einfache Entscheidung für Wiktor Urbanowicz!

Die Fahrt dauerte über drei Tage, als die Familie Urbanowicz Anfang September 1943 in Mittelsachsen eintraf. Die Familie musste in der Bergstadt Freiberg den Zug verlassen. Ihre Eltern mussten Zwangsarbeit in einer namentlich nicht bekannten Ledergerberei verrichten. Es könnte sich um die Lederwerke und Militäreffektenfabrik Moritz Stecher handeln. Der Unternehmer hatte auch ein Zweigwerk in dem Vorort Zug, das möglicherweise die von Bożenna erwähnte Fabrik sein könnte. Bożennas Leidenszeit wäre in Freiberg fast tödlich zu Ende gegangen, doch überstand sie ihre schwere Krankheit in einem Hospital für Zwangsarbeiter. Die Familie wurde dann, wohl in der ersten Jahreshälfte 1944, nach Chemnitz gebracht. Sie wurden vermutlich von Mitarbeitern des Arbeitsamtes erwartet, die sie in ein Durchgangslager des Amtes an der Blankenburger Straße 53-59 führten. Hier wurden die „ausländischen Arbeitskräfte" registriert, konnten sich notdürftig waschen und etwas essen. Bożenna wusste damals nicht, dass sich dort früher ein jüdischer Sportplatz befand, auf dem bis 1938 Vergleiche mit jüdischen Mannschaften aus Berlin, Dresden, Halle, Jena, Leipzig und Magdeburg ausgetragen wurden.

Das Durchgangslager war auf einem Gelände errichtet worden, das früher einer renommierten Chemnitzer Maschinenfabrik, vormals Johann Zimmermann, gehörte. Über das Lager, das der Kreisverwaltung der Deutschen Arbeitsfront (DAF) unterstand, können nur indirekte Aussagen gemacht werden. Höchstwahrscheinlich entsprach es dem am 9. Dezember 1941 aufgestellten Typ eines Durchgangslagers, das für einen Verkehr von 1600 bis 2000 „unentlausten und entlausten Arbeitskräften" vorgesehen war. Das normierte Durchgangslager bestand demnach aus „21 Durchgangsbaracken, 4 Verwaltungsbaracken, 1 Wirtschaftsbaracke, 3 Baracken für die Entlausungs- und Entwesungseinrichtung sowie 10 Abortbaracken".

Das Chemnitzer Durchgangslager in unmittelbarer Nähe der Bahngleise nach Leipzig war von einem mannshohen Zaun umgeben. Dies um angeblich „die Ausländer im Lager vor dem Zutritt von Unbefugten sowie vor Diebstählen zu schützen", wie es in einem Aufsatz eines Oberregierungsrates aus dem Reichsarbeitsministerium beschönigend hieß. In dem Lager nahm u. a. eine russische Ärztin gesundheitliche Untersuchungen vor. Im Herbst 1942 waren zudem zwei Krankenbaracken errichtet worden, die von zwei Meter hohen Bretterplanken umzäunt waren. Zeit zur Erholung blieb für Bożenna, ihre erschöpften Eltern und Geschwister in dem Lager jedoch nicht. Sie konnten hier nur wenige Tage zubringen, da sie rasch an den vorgesehenen Betrieb weitergeleitet werden sollten.

Innerhalb des Chemnitzer Arbeitsamtsbezirkes waren Zwangsarbeiter nachweislich in fast 400 Industrie- und Handwerksbetrieben, in städtischen und staatlichen Einrichtungen und Großbetrieben, in Hotels, Gaststätten, Apotheken und privaten Haushalten. Neben der Auto Union AG gehörte die Deutsche Reichsbahn zu den Großunternehmen, die die meisten Zwangsarbeiter beschäftigt hatten.

Anfang 1944 fand in einem dieser Chemnitzer Großbetriebe ein Betriebsappell vor „ausländischen Arbeitern" statt, in dem der Kreisfachabteilungswalter der DAF betonte, dass der „ausländische Arbeiter [...] allein in Deutschland soziale Gerechtigkeit" verwirklicht fände, dem entgegen auf der anderen Seite „die verelendeten ..., die freudlos gemachten Menschen in Elendswohnungen" stehen würden. „Entrechtet und entseelt, Hunger und Elend und dem brutalsten Terror überantwortet", hieß es abschließend in seiner Rede. Das waren keinesfalls Worte, mit denen der Obmann die Lage der ausländischen Zwangsarbeiter in Chemnitz beschrieb, obwohl dies genau dem entspräche, was Bożenna in dem Barackenlager sehen sollte.

Anhand von Bożennas Beschreibung wird deutlich, dass ihre Eltern in einer „Munitionsfabrik" arbeiten mussten, die sich im Blankenauer Grund befand. Weitere Angaben konnte sie nicht machen. Ein Anhaltspunkt könnte aber die Villa sein, deren Silhouette sie noch viele Jahre später aus dem Gedächtnis zeichnete. Die Villa wurde im Herbst 2010 wiederentdeckt, als ihre Freundin Inge zu einer Lesung in Chemnitz weilte. Mit Hilfe ortskundiger Chemnitzer fand sie im Ortsteil Furth das verlassene Gebäude. Die beeindruckende Villa der

Unternehmerfamilie Trübsbach hatte Bożenna während ihrer verbotenen Ausflüge aus dem Lager gesehen.

Im Winter 1944/45 wurde Bożennas Mutter aus fadenscheinigen Gründen verhaftet, weil sie gegen die strengen Auflagen der Polizeiverordnungen verstoßen hätte. Sie wurde in das Frauenkonzentrationslager Ravensbrück verbracht. Weitere Recherchen ergaben, dass sie am 2. April 1945 mit einem Transport von 500 Frauen von dort nach Neu-Rohlau (Sudetenland) verlegt wurde. Dort befand sich ein ehemaliges Außenlager des KZ Ravensbrück, das am 1. September 1944 vom KZ Flossenbürg übernommen worden war. Janina Urbanowicz überlebte. Bożenna sollte ihre Mutter dennoch erst zwölf Jahre später in den USA wiedersehen. Dies war dem Kalten Krieg geschuldet.

Die nahezu flächendeckende Ausbreitung, sowohl was Arbeitsorte als auch Unterkünfte für die Zwangsarbeiter betrifft, verdeutlicht, wie selbstverständlich die Ausbeutung „nichtdeutschstämmiger Arbeitskraft" auch in Chemnitz oder Freiberg war. Zwangsarbeit fand in der Nachbarschaft, im eigenen Betrieb, vor den Augen und im Beisein der Bevölkerung statt.

Bożennas Erinnerungen verleihen dem unmenschlichen System der Zwangsarbeit nicht nur ein konkretes Gesicht. Sie zeigen auch, dass dieses vom Großteil der deutschen Bevölkerung gebilligt wurde. Die nationalsozialistische Zwangsarbeit war ein weitgehend öffentliches Verbrechen.

Verwendete Literatur
Pfalzer – Schaller – Katalog Zwangsarbeit – Düsing

Danksagung

Der Chemnitzer Verlag und die Autoren danken:
Wir danken dem Evangelischen Forum Chemnitz, das
die Entstehung dieses Buches unterstützte; dem Über-
setzer Robert Zwarg und Ingolf Höhl, der dieses Buch
ausgestattet und es mit zusätzlichen Bildmontagen
illustriert hat.

Inge und Bożenna danken:
Wir beide danken unserer Lektorin Felicia Friedland
Weinberg. Sie war die Pilotin unseres Projekts und
sorgte dafür, dass es durch die Wolken in den Himmel
fliegen konnte. Unser Dank gilt Ed Weinberg für die
ausgezeichnete Feinabstimmung des Manuskripts, seine
Detailgenauigkeit und die technische Hilfe. Professor
Richard C. Lukas danken wir für die Erlaubnis, Teile
seines Buches *Forgotten Survivors – Polish Christi-
ans Remember the Nazi Occupation* (University Press
of Kansas, 2004) verwenden zu dürfen.. Außerdem
danken wir Lauren Simeone Berman dafür, dass sie
unsere Bilder zum Leben erweckt hat, und Professor
Shawn Kildea und Gina Grosso für ihre Freundschaft
und Unterstützung.

Danksagung von Bożenna
Ich danke besonders meinem Mann Dick dafür, dass er
die Arbeit im Haushalt übernommen hat, wodurch ich
Zeit hatte, dieses Buch zu schreiben. Er sagt, er sei der
einzige Mann in der Stadt mit Spülhänden. Vielen Dank
an Stephen Mannino für die Illustrationen; Liz Macchio
für ihre Unterstützung; Kathryn Burton von K.Burton/
Kitty Kat Graphics für die wunderbaren Photos; Blaine

Phelps dafür, dass sie mir gezeigt hat, wie man dieses Buch am Computer schreibt; Karolina Matiunin aus Lublin (Polen) für die Kartenillustrationen. Ich bin dankbar für die lieben Worte von Bill Donohue von der Katholischen Liga für religiöse und bürgerliche Rechte und Botschafter Aldona Wos. Zu guter Letzt möchte ich Gott für mein Überleben und die Gesundheit danken, wodurch ich das Buch beenden konnte. Meine Geschichte sei meinen Kindern Richard T., Timothy, Stephen und Christine gewidmet sowie meinen Enkeln Gregory, Trevor und Richard J.

Danksagung von Inge

Ich danke meiner wunderbaren Freundin und Seelenverwandten Bożenna dafür, dass sie das Buch mit mir geschrieben hat. Außerdem möchte ich ihrem liebenden Ehemann Dick danken, der während der schwierigen Zeit des Schreibens viel Geduld mit uns hatte. Äußerst dankbar bin ich meinem lieben Freund Aaron Morgan für seinen großzügigen künstlerischen Beitrag zu unserem Projekt. Vielen Dank an Rabbi Dr. Hirsch Joseph Simckes von der Theologischen Fakultät der St. Johns University, dafür, dass er mein teurer Freund und immer für mich da ist. Zu tiefem Dank bin ich David G. Marwell, Ph.D., Direktor des Museum of Jewish Heritage in New York, für seine Güte und Weisheit verpflichtet. Ich danke meinem Freund Seymour L. Goldstein, dem Wind unter meinen Flügeln, meiner Inspiration, Führung und Ermutigung, weiterzumachen und niemals aufzugeben. Großen Dank schulde ich meinen Eltern für ihre ewige Liebe und Gott für die Sicherheit in seiner göttlichen Umarmung.

Zu den Autorinnen

Inge Auerbacher wurde 1934 in Kippenheim geboren. Von 1942 bis 1945 war sie im Konzentrationslager Terezín (Theresienstadt) interniert. 1946 emigrierte sie in die Vereinigten Staaten und lebt heute in New York City.
Inge Auerbacher erhielt ihren Bachelor of Science zum Abschluss in Chemie am Queens College der University of New York City. Sie arbeitete 38 Jahre lang in der medizinischen Forschung und in Krankenhäusern. Heute ist sie im Ruhestand und reist in viele Länder, um über den Holocaust und Toleranz zu sprechen.

Veröffentlichungen:
I Am A Star – Child of the Holocaust
Beyond the Yellow Star to America
Running Against the Wind
Finding Dr. Schatz – The Discovery of Streptomycin and A Life It Saved
Highway to New York: A Lady Truck Driver Adventure

Preise und Auszeichnungen (Auswahl):
- New York State Woman of Distinction, 2009
- 2007 in die New York City Hall of Fame aufgenommen
- Ehrendoktorin der Long Island University, New York City, 2005
- Ellis Island Ehrenmedaille, 1999
- Louis E. Yavner Citizen Award, 1999
- Queens College of the City of New York Alumni Star, 1998
- Viele Ehrungen von staatlichen Stellen

Bożenna Urbanowicz Gilbride wurde 1934 in Leonowka, einer kleinen Stadt in der ostpolnischen Provinz Wolyn geboren. In den 1940er Jahren wurde sie gemeinsam mit ihren Eltern, ihrem Bruder und ihren zwei Schwestern nach Freiberg und danach ins Arbeitslager Chemnitz deportiert, wo sie den Rest des Krieges verbringen mussten.

Bożenna Urbanowicz emigrierte mit ihrer Familie nach dem Krieg zu Verwandten in die Vereinigten Staaten. Erst viele Jahre später traf sie ihre Mutter in den USA wieder.

Bożenna studierte in der High School Mode- und Textilgestaltung. Sie arbeitete in der Modeindustrie. Sie ist mit Richard V. Gilbride verheiratet, hat vier Kinder und drei Enkelsöhne. Sie verbringt viel Zeit damit, durch Amerika und die ganze Welt zu reisen, um ihre Erfahrungen während des Holocaust und des Zweiten Weltkrieges zu teilen.

Preise und Auszeichnungen (Auswahl):

- Mitglied der Gründungskommission des Nassau County Holocaust Learning Center
- Louise E. Yavner Citizen Award für „Outstanding Contribution to Teaching the Holocaust and other Violations of Human Rights"
- Ellis Island Ehrenmedaille
- Mitglied des U.S. Holocaust Memorial Museum, Washington D.C., zu dem sie Ausstellungsstücke beisteuerte und Zeugnis als polnische katholische Holocaustüberlebende ablegte
- Fundraising für das Zegota Mahnmal in Warschau
- Auszeichnung als „Gerechte unter den Völkern" durch den polnischen Vorsitzenden Jerzy P. Slimwczynski
- Mitproduzentin des Dokumentarfilms „Zagota" über die Organisation der Hilfe für Juden aus dem besetzten Polen zwischen 1942 und 1945
- Mitglied des Nationalen Polish-American-Jewish-American Council
- Beitrag zur Geschichte im Buch „The Forgotten Survivors" von Professor Richard C. Lukas
- Vorstandsmitglied im Katholischen Verband für religiöse und bürgerliche Rechte der Long Island Filiale
- drei polnische Ehrenkreuze von drei polnischen Präsidenten

Weitere Auszeichnungen, Belobigungen und Ehrenkunden von Senatoren, Kongressabgeordneten und lokalen Politikern

Inhalt

Impressum

Verlorene Kindheit
von Inge Auerbacher und Bożenna Urbanowicz Gilbride

Aus dem Amerikanischen von Robert Zwarg
Übertragung der Gedichte S. 53 und 104: Matthias Zwarg
Redaktion: Inge Auerbacher und Matthias Zwarg

Titel der amerikanischen Originalausgabe:
„Children Of Terror", iUniverse Inc., 2009.

© für die deutsche Ausgabe
Chemnitzer Verlag 2012

Umschlaggestaltung: Ingolf Höhl
Layout/Satz/Illustrationen (S. 2, 4): Ingolf Höhl
Gesamtherstellung: Westermann Druck Zwickau GmbH

www.chemnitzer-verlag.de

ISBN 978-3-937025-81-0